Couverture inférieure manquante

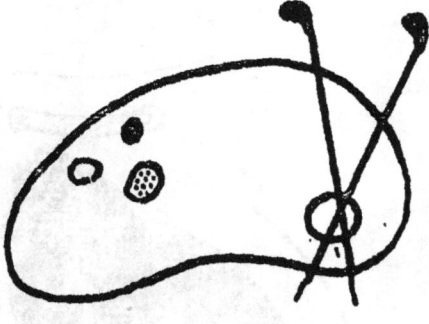

Début d'une série de documents en couleur

ARMAND SILVESTRE

CONTES
AUDACIEUX

Illustrations par CH. CLÉRICE

PARIS
A LA LIBRAIRIE ILLUSTRÉE
8, RUE SAINT-JOSEPH, 8

Tous droits réservés

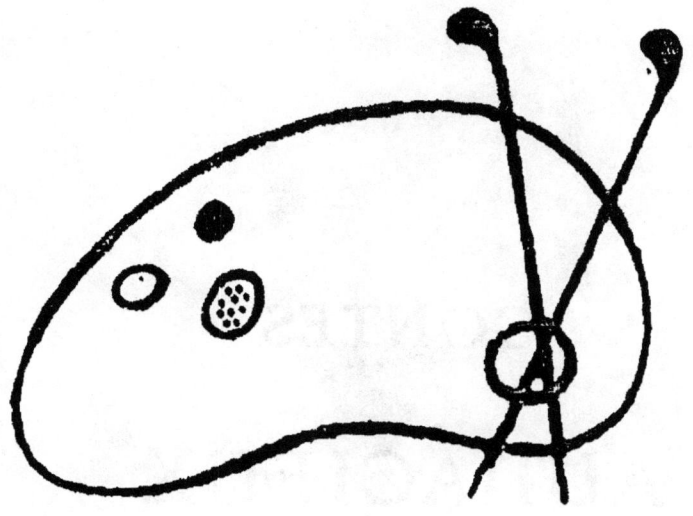

Fin d'une série de documents en couleur

CONTES

AUDACIEUX

ÉMILE COLIN — IMPRIMERIE DE LAGNY

ARMAND SILVESTRE

CONTES
AUDACIEUX

PARIS
ERNEST KOLB, ÉDITEUR
8, RUE SAINT-JOSEPH, 8

Tous droits réservés

ÉVAPORÉ

ÉVAPORÉ

I

Ce n'est pas à Paris seulement que les huissiers trop galants disparaissent sans qu'on en puisse acquérir de postérieures nouvelles. Le même fait, heureux pour tant de gens, vient de se produire à Vienne, en Autriche, dans des circonstances dont seul j'ai pénétré le secret. De tels accidents ne se manifestent pas avec une telle continuité cosmopolité sans qu'il y ait une loi générale à en déduire. Je crois que l'enseignement qu'il faut tirer de cette série de phénomènes internationaux, c'est qu'il devrait être sévèrement interdit, dans tous pays civilisés, aux huissiers de se reproduire hors de leur domicile. La graine en est trop pernicieuse pour qu'il soit licite de la semer dans le vent. Ainsi, par un fait d'atavisme incontesté, naissent, dans un tas de familles innocentes, de jeunes drôles qui ont, dans la poitrine, un protêt en place de cœur. Est-ce qu'on laissait autrefois MM. les bourreaux enfanter chez autrui? Non pas. Ils devaient se transmettre la semence homicide de père en fils sans en rien laisser perdre au dehors. On s'est départi de cette sage coutume. Les exécuteurs de hautes œuvres sont maintenant des godelureaux qui font la fête entre deux tête-à-tête place de la Roquette. Tous ces jeunes assassins qui pullulent aujourd'hui ne viennent pas d'une autre souche. Ce sont des bourreaux naturels à qui la société n'a pas donné de place.

Mais je reviens à mon austro-huissier disparu.

Ou, plutôt, pour l'intelligence complète de cette aventure, je vous conduis dans le laboratoire du célèbre professeur Hans Von Mounich, chimiste émérite habitant la même ville que l'officier ministériel. Ce Hans Von Mounich, très partisan de l'alliance allemande, avait étudié à fond la question de la poudre ne faisant ni bruit, ni fumée, espérant ainsi fournir à l'armée prussienne un gage de son patriotisme et de sa fidélité. Un mot sur la nature de ses recherches ne sera pas sans intérêt.

Très observateur, ce savant cuisinier avait remarqué que l'homme était la seule machine de guerre qui produisît des explosions sans fumée. Il en avait immédiatement conclu que du haricot seul devait s'extraire une quintescence végétale servant de base au précieux produit. Mais le haricot est bruyant. Par une plus subtile série d'expériences, auxquelles toute sa famille se prêta avec un admirable dévouement, Hans Von Mounich constata que dans l'ordre de phénomènes digestifs et primordiaux dont il était parti, le bruit est en raison inverse de la senteur. Parfumer artificiellement la *soissonite* (ainsi le savant, qui avait de la géographie, avait baptisé son extrait), était indiqué. Une seconde série de travaux dans ce sens rendit la *soissonite* aussi silencieuse que dénuée de vapeurs. Restait le mode d'explosion. En expérimentant toujours sur sa femme, ses filles et ses neveux, l'intrépide chercheur découvrit qu'une pression brusque sur le ventre, âme de la pièce vivante, déterminait sûrement l'effet. C'est donc le choc qui devait déterminer l'explosion.

Et, par des distillations successives, par des dessications répétées, par un long voyage au pays des cornues (ce n'est pas des femmes trompées que je parle), il avait obtenu — mon orgueil national souffre d'en convenir — l'idéal du genre : une poudre ne faisant aucun bruit, ne soulevant aucun nuage, inflammable au choc, et d'une telle puissance qu'un ou deux grains seulement, allumés en plein air, volatilisaient absolument tout ce qui se trouvait dans un espace de plusieurs mètres carrés, et que la force expansive en faisait éternuer les oiseaux eux-mêmes dans les silencieux chemins du ciel.

Or, au jour mémorable dont je parle, le glorieux Hans Von Mounich venait de préparer la cartouche d'honneur qu'il comptait offrir solennellement à l'empereur d'Allemagne, en le suppliant d'en faire lui-même usage dans son auguste carabine. Avec une barbe de plume et très légèrement, par prudence, le savant balaya la table où avait eu lieu la trituration, recueillit dans un journal les quelques poussières que l'opération avait laissées après elle, et secoua le papier par la fenêtre pour que rien ne pût révéler son secret! Après quoi il s'en fut se promener, résolu à changer, par reconnaissance, le nom de *soissonite* qu'il avait donné d'abord à son invention, en celui de *Gertrudine*, en souvenir de sa fille aînée Gertrude, qui pendant les expériences lui avait fourni les plus utiles et les plus copieux documents.

II

L'huissier galant se nommait Johannisberg. C'est au lit de la belle Lysca que nous le surprenons, de Lysca la Rousse, ayant dans les cheveux un Pactole et deux larges gouttes d'eau-de-vie de Dantzig dans les yeux, une créature de vertu médiocre mais de chair abondante, rose, avec de vagues constellations sur une peau d'un merveilleux satin. *Delicias domini*, comme dit le doux Virgile. Elle avait pour protecteur attitré le baron juif Jacob Kahn qui avait le sémitisme tout à fait généreux. Bourrée d'or et de présents par ce prodigue fils d'Abraham, elle ne l'en trompait pas moins, comme vous le voyez, avec le sémillant barbouilleur de papier timbré. Il faut rendre cette justice aux femmes que, même celles qui passent pour se vendre, ne se vendent jamais. Elles se prêtent tout au plus. Ainsi donnent-elles une utile leçon aux imbéciles qui croient que l'amour s'achète. Elle avait raison cette Lysca de faire son bienfaiteur cocu. Seulement elle aurait pu mieux choisir qu'un huissier. Un poète, par exemple. Car les poètes aiment aussi, et plus encore, les belles chairs copieuses dormant, comme des lacs, sous les belles chevelures éplorées comme des saules.

Le baron avait-il des soupçons? Toujours est-il qu'il rentra à l'improviste, sans crier : au loup! comme on devrait exiger des cocus qu'ils le fassent, avant de glisser leur clef dans la serrure de leurs maisons. Johannisberg n'était pas un garçon belliqueux ni obstiné. Il détala sans disputer la place. Fort heureusement n'avait-il pas quitté ses habits, comme je sais des imprudents qui le font en pareille occurrence, — faites-le tout de même, mes enfants; l'Amour, comme la Vérité doit se consommer à nu — ce qui lui permit de se sauver par la rue, sans que les dévotes revenant de leurs oremus poussassent des cris de paon. Après deux ou trois zigzags heureux qui avaient certainement dû faire perdre sa piste, il s'arrêta, essoufflé, au tournant d'une rue, s'épongea le front, et se remit à marcher, mais plus paisiblement, voire à tous petits pas, comme un homme qui médite.

Ah! que je serais embarrassé maintenant de poursuivre mon récit, n'était cette admirable histoire du *Perroquet* qui me fut contée, il y a quelques jours, et qui est bien une des choses qui m'ont fait le plus rire au monde. Vous savez que la peur est un purgatif avisé? C'est même le plus économique de tous et le moins désagréable au goût à la la fois. Notre homme avait eu une frousse de tous les diables et il commençait à en ressentir les lénitifs effets. Mettons que ce fût un *Perroquet* qui se débattît dans sa cage naturelle, sous le képi que nous appelons pantalon, et que les cris de liberté que lui poussait intérieurement l'oiseau ne lui permissent pas d'en retarder plus longtemps l'envolée. On sait que Vienne est la capitale la moins hospitalière du monde pour les oiseleurs de cette espèce et qu'il n'y existe pas de volières publiques pour les amateurs. Passez, gais bateliers, sans regarder les rives! Tout passant est une prison vivante du Pape dans ce pays-là. Le *Perroquet* commençait à fourrer au pauvre huissier de grands coups de bec dans le ventre. Il ne disait pas : Coco. Mais il bredouillait un tas de sons inarticulés et menaçants.

La nuit tombait. Les gens de police causaient de leurs petites affaires dans un carrefour. Johannisberg prit un héroïque parti. Devant la première maison venue, il fit le simulacre de s'asseoir, bien qu'il sût parfaitement qu'il n'y avait pas de siège. Un vague bruit d'ailes et ce fut fait. Le perroquet était libre. Ouf! fit l'homme, en remontant son haut-de-chausses, mais pas assez vite pour que la poussière explosible que le savant Hans Von Mounich vidait, précisément, au même instant par sa fenêtre, ne logeât quelques-uns de ses grains presque invisibles dans la culotte entrebâillée de l'huissier.

Voilà ce que c'est que de manquer de respect pour les immeubles des princes de la science.

III

Sans se douter de rien, Johannisberg avait repris son chemin, très rasséréné et tout au souvenir des caresses demeurées interrompues sur le lit tiède de Lysca. Est-ce que ce baron ne lui ficherait pas la paix ! Il proposerait à Lysca de le planter là pour ne plus vivre qu'avec lui. Le métier était bon. Trois ou quatre cents protêts de plus faits à tort, et le produit de l'étude lui permettrait cette folie. Il en avait assez de souffrir les familiarités de cet isréalite. Ah ! pardieu, si ce n'avait pas été pour Lysca, il lui aurait donné une belle leçon ! Il était bon garçon, mais il ne fallait pas qu'on l'embêtât !

Comme il en était là de ce belliqueux monologue, le baron, qui avait continué à le poursuivre, l'atteignait justement sans bruit, par derrière, et lui envoyait, au bon endroit, un formidable coup de pied.

Un malencontreux atome de *gertrudine* se trouva sur le chemin. Le choc l'enflamma. Ni bruit, ni fumée, mais l'espace balayé et pas un chat dans la rue, où les vitres avaient légèrement tressailli.

L'huissier et le baron avaient été littéralement volatilisés.

L'huissier est activement recherché par la police, comme notre sieur Gouffé.

Quant au baron on ne s'est aperçu de rien. Un de ses frères, qui lui ressemble comme deux gouttes d'eau et qui a le même accent, a pris immédiatement sa place dans la maison de banque, pour que le crédit de celle-ci ne fût pas atteint. Les employés eux-mêmes ne se sont pas doutés de la substitution. La belle Lysca non plus, que le faux Jacob continue à aller voir aux mêmes heures que le vrai, et qui lui fait absolument les mêmes choses pour que les traditions de la famille ne se perdent pas.

LES TROIS BAISERS

LES TROIS BAISERS

A Grosclaude.

I

C'était encore au temps étrange, ridicule et dont la naïveté fera sourire, sans doute, nos arrière-neveux, où les dames choisissaient principalement des hommes pour faire cocus leurs maris. Il est vrai que les hommes d'aujourd'hui possèdent, pour se consoler du dédain des femmes adultères, un tas de libertés qu'ignoraient leurs aïeux. Ceux-ci étaient privés des douceurs du suffrage universel et quand ils mouraient à la guerre, c'était de blessures stupides faites par des armes dérisoires. A chaque siècle sa gloire. La nôtre est de n'élire que d'honnêtes gens et d'être percés par des balles ayant une vitesse extraordinaire et d'une forme conique plaisante au premier chef.

Madame Pigemonvent était donc de l'ancien régime et c'était tout simplement (la dinde !) avec un clerc de fort avenante figure qu'elle trompait son Pigemonvent d'époux, un des notables drapiers de la petite ville de Corbeil. Le clerc, lui, s'appelait Carpotin. Ce sont tous mes personnages. Le cocuage ressemble à Dieu en ce qu'il est essentiellement en trois personnes. Au Diable, c'est par un autre point qu'il ressemble. C'est, en tous cas, une respectable institution, à en juger par son antiquité et par sa persistance. Pigemonvent n'était pas à plaindre, au moins. Sa femme était aimable à l'envi avec lui et quand le clerc Carpotin le rencontrait dans la rue, il ne manquait jamais de lui retirer son chapeau avec une déférence particulière. De leur côté nos amants avaient peu à se gêner. Le drapier ne rentrait chez lui que fort tard et avec une régularité tout à fait rassurante. Jusqu'à minuit il demeurait dans les cabarets les mieux hantés de la rue Saint-Spire, à jouer aux dés, ou à raconter à ses confrères comment, ce jour même, il avait dupé quelque client, sujet de conversation que les commerçants de tous les âges ont toujours affectionné pour ce qu'il ne s'épuise jamais. Durant ces édifiantes confidences, on jouait ferme du serrecroupière chez lui, comme disait congrument Rabelais. Dame Pigemonvent était une belle créature n'ayant pas au-delà de la trentaine, charnue comme un bigarreau, à la peau duvetée comme une pêche de Montauban, callipétardière à délices, bellefessière à souhaits, avec une taille presque fine s'élançant du fruit qui la soutenait comme la queue d'un melon. Carpotin aimait très sagement l'abondance dans les manuelles voluptés qui constituent ce que nous appellerons, si vous le voulez : l'avant-dernier outrage. Il s'en donnait à cul-joie dans les draps du drapier. Il y galipétait comme un goujon vivant dans la poêle. Car il était fringant en amour, n'en étant pas encore à l'âge où nous devenons *cours de la Bourse*, comme le disait plaisamment, un jour, un financier de mes amis. Tout au contraire, était-il fort en hausse, et constamment, pour continuer à parler le langage de messieurs les *reporteurs*. Sacré Carpotin ! Il vous aurait inventé une trente-troisième manière de vous fouler aux pieds l'honneur d'un homme de bien. Il vous le trépignait avec un entrain ! Dame Pigemonvent s'amusait infiniment de cet exercice.

Tout le monde était heureux. Et cependant ni le suffrage universel ni les balles coniques qui le complètent si bien n'étaient inventées en ce temps-là.

II

Quelle diable de gymnastique vous avait fait mon Carpotin se soir-là dans la couche du commerçant ! Toujours est-il qu'il s'y était malencontreusement endormi et dans quelle posture ? Le derrière sur celui des oreillers qui faisait face à la fenêtre. Non pas celui qui s'effondrait dans la ruelle. Et quel derrière ! nu comme un gros Saint-Jean, nos amants ayant retiré jusqu'à leurs chemises pour ce que cette nuit d'été était chaude et qu'ils n'y pouvaient tenir qu'en laissant la croisée entr'ouverte, ce qui n'avait nul inconvénient d'ailleurs puisque celle-ci donnait sur un jardin où les rossignols seuls y auraient pu trouver à redire. Et Dieu sait que ces harmonieuses bêtes ne s'occupent pas de ces choses-là ! Oui, tous deux étaient tombés de lassitude, dans une imprudente torpeur. Car ils n'entendirent pas sonner minuit et notre Pigemonvent, lui-même, que Dieu confonde, ne les éveilla pas en entrant dans la chambre à pas de loup, lui qui n'aurait dû marcher qu'à pas de cerf. Le drapier avait deux coutumes, indépendamment de celle de voler les chalands à la journée. La première consistait à ne point allumer de chandelle en rentrant, pour respecter le sommeil de sa femme ; la seconde à venir baiser tout doucement celle-ci sur le front, avant de commencer à retirer ses chausses. Car le filou était caressant et paternel.

Comme à l'ordinaire donc il fit son entrée à tâtons et se dirigea vers le traversin conjugal où Carpotin lui tendait les joues que vous savez. Le drapier y colla dévotement ses lèvres.

— Aïe ! cria le clerc qui rêvait.

En même temps, un coup de vent souleva le rideau de la croisée. Pigemonvent, qui n'avait pas reconnu le parfum de sa femme, fit un saut en arrière. Il vit et demeura cloué au sol par un anéantissement complet de sa pensée. Durant ce moment tout à fait psychologique, Carpotin, qui était vif comme un singe, lui sauta par-dessus les épaules, gagna la fenêtre et courageusement sauta dans le jardin. Il y courait déjà, pieds nus, que le drapier n'avait pas encore recouvré le sentiment exact des choses. Il avait baisé, par mégarde, les fesses d'un galant et n'en savait pas davantage. La fureur lui vint lentement, mais intense, sournoise et puis debordante tout à coup. A peine prit-il le temps d'injurier sa femme qui faisait semblant de dormir encore. Comme un tonnerre, il se rua à travers la maison, jurant que le larron d'honneur ne lui échapperait pas. Car, ayant oublié depuis longtemps les audaces de la jeunesse, il ne pouvait croire que le clerc eût risqué sa vie en se lançant dans l'aérienne route qui le pouvait, tout simplement, et avant le temps, conduire à l'éternité.

III

Le doux Carpotin ne s'était rien cassé, pas même une jambe. Durant que son ennemi bouleversait tous les meubles en cherchant derrière ou dessous, il avait gagné les bords d'une petite rivière, l'Essonne aujourd'hui, qui bordait le verger du drapier. Une eau claire et pailletée y courait avec une musique charmante. Comme on n'est pas parfait, le clerc ne savait pas nager et le mari avait fermé hermétiquement le jardin. Y demeurer à terre était risquer d'être vu. Carpotin avait vu des chats fuir devant la poursuite des chiens. Une façon de grand arbre assez touffu surmontait la berge naturelle, étendant ses lourdes branches fort en avant au-dessus de la rivière, si bien que le plus épais de son feuillage dépassait absolument la propriété du marchand. Carpotin se dit que là il serait, pour ainsi parler, sur un terrain neutre et en dehors de sa légitime atteinte. Il grimpa le long du tronc, non s'en s'écorcher un peu les genoux, et se glissa au plus profond de cette frondaison suspendue. Il y rencontra une façon de fourche solide dans laquelle il s'assit le séant assez commodément collé et surplombant de sa rondeur jumelle et sans culotte, le flot qui continuait à frétiller semblant prendre l'image des étoiles comme aux mailles d'un filet d'argent. Ouf ! Il serait certainement là en sûreté jusqu'au jour et quelque batelier matinal viendrait bien à passer, pour aller relever ses verveux plus loin, qui prendrait pitié de lui et le tirerait d'embarras.

Il faisait une nuit tout à fait admirable où la grande poésie des choses se recueillait dans un silence plein de parfums. Des phalènes aux ailes de velours s'obstinaient au fantôme hautain des roses trémières en pleine floraison. Les lucioles semblaient une constellation vivante que la main distraite d'un Dieu eût éparpillée sur les gazons. L'innombrable chanson des insectes éperdus d'amour berçait le balancement alangui des hautes herbes. Tout, en un mot, élevait l'âme vers la sphère lointaine des rêves dont les grandes ailes emportent les planètes attendries dans l'immensité.

— Sapristi! mais je commence à avoir un torticolis au derrière! murmura Carpotin, en déplaçant quelque peu sa base, mais en lui laissant la même orientation.

Et oubliant la dureté coupante de son fauteuil, lui aussi se laissa prendre à cette grande séduction de toutes les choses, et, sans qu'aucun remords le réhabilitât à ses propres yeux, il se remémora lentement les charmes de la drapière, la douceur infinie de ses caresses, la copieuse rondeur de ses appas complaisants; il se pourlécha les lèvres du miel qu'y avaient laissé les baisers; il murmura le nom de l'aimée et se dit, fort sagement, que les délices qu'il avait goûtées dans ses bras valaient bien qu'il souffrît quelque incommodité pour elle, même celle d'attraper un rhume là par où les gens bien appris n'ont pas coutume d'éternuer en société. Car n'allez jamais dire: Dieu vous bénisse! à un monsieur qui éternue devant vous de cette façon-là. Aussi le clerc résigné, toujours planté dans sa fourche naturelle, attendait, en évoquant ses souvenirs d'amour, la fuite des premières étoiles dans la pâleur croissante des azurs.

IV

Exténué, soufflant comme un phoque, suant comme un taureau dans l'arène, Pigemonvent, après avoir inutilement fouillé tout son immeuble, sondé tous les placards, enfoncé les armoires, promené furieusement des hallebardes sous les bahuts, sentit qu'un peu d'air lui était nécessaire et qu'il étoufferait s'il n'allait respirer largement. Il se laissa donc rouler jusque dans son jardin, les mains pendantes aux genoux et tout à fait lamentable. Et lui aussi une fois assis sur une pierre, se mit à évoquer les images de cette dramatique nuit. Une surtout, une l'obsédait, celle qu'il avait embrassée ! Mon Dieu, qu'un homme soit cocu, cela se voit tous les jours, ou même toutes les nuits. De ces confrères qui venaient de jouer aux dés avec lui, à l'estaminet, il n'en était pas un qui ne le fût outrageusement. C'est même là-dessus qu'ils comptaient pour gagner parce que, enfin, on ne peut pas tricher toujours. Encore une fois cela n'était rien. Un drapier qui ne serait pas cocu en viendrait à se demander si sa femme est laide. Lui-même n'en voudrait plus. La belle affaire vraiment que madame Pigemonvent eût un galant ! Mais que celui-ci lui eût fait baiser son postérieur, voilà qui était vraiment de trop, impertinent et insoutenable. Outre que le maroufle ne paraissait pas avoir mangé des framboises ce soir-là. Tudieu ! si on savait jamais cela dans la rue Saint-Spire. Le mécréant était capable de s'en vanter. Ça deviendrait une mode à Corbeil. Il n'y aurait plus de cocuage complet sans ce baiser Lamourette. Alors tous les autres cocus l'accuseraient de ce surcroit de désastre. Ils se réuniraient en haute cour, en concile œcocuménique pour lui reprocher sa lâche condescendance et le condamner aux plus affreux supplices. Tous lui planteraient les cornes là où il avait si lâchement caressé le galant. Toutes les imaginations folles du drapier prenaient vraiment l'intensité d'un cauchemar sous lequel il se débattait, dans la sérénité railleuse de cette nuit de juillet toute pleine d'étoiles et de roses trémières.

Une soif terrible, comme il arrive dans ces états violents de l'âme, lui ardait le gosier. Cette sécheresse horrible de la gorge le fit lever de son siège, et, par instinct, comme une bête, qui a trop couru, il se dirigea vers la rivière. Il s'agenouilla sur le bord et, naturellement luxueux comme les soldats de Gédéon qui furent si justement punis de leur sybaritisme, il tenta de boire quelques gorgées dans sa main. Mais sa main tremblait et l'eau lui coulait entre les doigts, avec un ruissellement clair de perles s'égrenant. Alors n'en pouvant plus, sur la berge très basse et faite d'un sable en pente, il s'étendit sur le ventre, arcbouté sur les coudes et voulut boire à même la grande coupe. Déjà ses lèvres touchaient l'eau frissonnante.

—Oh !

Il ne poussa que ce cri désespéré. Un rayon de lune avait soudain illuminé le ciel et toutes choses. Le derrière toujours nu de Carpotin se reflétait dans l'eau avec une intensité stupéfiante. C'est juste au mitan de cette autre lune, doublée dans l'onde, que le drapier était venu poser sa bouche.

Croyant à un sort, il se retourna brusquement en blasphémant.

Mal lui en prit, car dans ce mouvement désordonné, il s'alla bouter le nez en plein sous la queue de son grand chien qui l'avait suivi dans le jardin et qui, lui aussi, avait fait volte-pile pour aboyer à la lune.

Alors le malheureux drapier comprit que, comme jadis Oreste, il était poursuivi par une fatalité et que les dieux ne lui permettraient plus de rien embrasser autre chose dans ce monde et peut-être dans l'autre. Justement découragé devant un tel avenir, il prit une résolution héroïque que je n'aurais pas attendue, pour ma part, de sa commerciale nature. D'un bond il sauta dans l'Essonne qui se referma sur lui comme un linceul sur lequel dansaient les premières libellules qu'un frisson d'aube venait de réveiller. Ce fut une excellente affaire pour tout le monde. Pour sa femme qui hérita copieusement; pour le clerc qui l'épousa dans l'année; enfin pour les autres drapiers de Corbeil qui comptent un concurrent de moins.

LE GALANT ATTENTIONNÉ

LE GALANT ATTENTIONNÉ

I

Bien qu'Anglais de Londres même John Bothum était bien élevé, même en voyage. Aussi ses compatriotes le regardaient-ils, à l'étranger, d'un mauvais œil. Il n'allongeait pas ses longs pieds, sous le nez de ses voisines, sur les coussins des wagons, y demandait la permission d'allumer sa cigarette, ne choisissait pas son plus vilain chapeau pour aller à l'Opéra, ne plantait pas les coudes sur les nappes des tables d'hôte. Vous voyez que c'était un original, presque un excentrique, et ses parents qui étaient de notables touristes, avaient coutume de dire de lui : Voilà un garçon qui finira mal. D'autres insinuaient qu'il n'était pas de race pure et que son grand aïeul n'était pas sur les bateaux qui amenèrent les Normands en Grande-Bretagne.

Eh bien, cette façon de se singulariser ne devait lui porter aucun tort. Bien au contraire, comme vous en allez juger.

Car elle était délicieuse la voisine qu'il avait, ce soir-là, à la Comédie-Française, où il ne fréquentait qu'aux fauteuils de balcon, pour ce qu'il préférait la société des femmes à l'autre. Délicieuse de tout point, dans une irréprochable toilette, un peu bourgeoise cependant, mais suffisamment décolletée. C'est qu'elles sont exquises nos bourgeoises de Paris et, pour le déduit, non moins tentantes que les plus grandes dames. Madame Rondelet, — ainsi se nommait celle-ci et son Rondelet avait gagné moult argent dans les affaires, — avait dû, à la vie sédentaire, des développements tout à fait aimables et un teint d'une blancheur vraiment liliale. Elle exhibait de son corsage de satin noir que festonnait un léger nuage de dentelle, deux hémisphères où j'eusse aimé, moi-même, à étudier la géographie que j'ai toujours eue en horreur. Montagnes polaires dont un rayon d'aurore boréale rose teintait à peine les sommets. Ses cheveux? Pas noirs comme je les adore, mais pas blonds non plus. Pas la nuit, mais le crépuscule traversé d'or par de lointains éclairs. Ses yeux, pas bien grands, mais malicieux et vifs, roulaient un sable fin au fond des prunelles, comme les sources matinales où viennent boire les passereaux. Bouche avenante où le sourire semblait une habitude, largement posé sur le double enroulement de deux pétales de roses. Ah! les jolies mains de petit évêque qu'elle avait encore, mignonnes, effilées du bout, avec des fossettes sur le dessus, exquises à voir éplucher une noix ou chiffonner un ruban. Une bonne odeur de femme honnête, bien soignée autour de cela, non pas les parfums écœurants où se reconnaissent les courtisanes, fleurs des grands chemins. Une senteur mystérieuse et pénétrante, au contraire, à peine grisante et délicieusement discrète comme celle des petites fleurs des bois. On eût dit qu'elle mangeait des violettes. Un tout fort agaçant, s'il vous plaît, et qui mit tout-à-coup notre sobre Bothum dans un état de véhément enthousiasme. Mais il connaissait assez notre monde pour se douter qu'il n'avait pas là grand espoir à caresser. D'ailleurs le mari, le sieur Rondelet, était là, de l'autre côté, écoutant avec recueillement la prose de Camille Doucet. Le timide enfant d'Albion n'essaya donc même pas d'adresser un seul mot à cette appétissante créature. Cependant, quand la prose de Camille Doucet eut fini de sévir, et que tout le monde se leva, avec une joie manifeste de s'en aller, dans sa précipitation à fuir cette mauvaise musique, l'inconnue oublia, sur son siège, sa fort mignonne lorgnette en nacre incrustée d'argent.

Respectueusement John la rappela en lui montrant l'objet, sans oser y toucher :

— Médème, lui dit-il, vô ôbliez quelque chaose.

II

Madame Rondelet tenait infiniment à ce petit télescope que lui avait donné sa marraine, le jour de son mariage. Elle eut comme un sursaut douloureux à l'idée qu'elle avait failli le perdre ; mais à une pâleur subite succéda une rougeur de plaisir et de reconnaissance sur son aimable visage et c'est comme une fleur qui s'ouvre au soleil qu'elle sourit au jeune homme en balbutiant des remerciements vagues, mais visiblement émus. Notre Rondelet, qui venait de boire à la source même des civilités puériles et honnêtes dont Camille Doucet est le représentant ici-bas, ne perdit pas l'occasion de faire une imprudence. Très brusquement, lui, il félicita John de sa probité et lui fit galamment comprendre qu'il n'en aurait pas attendu autant de lui, sachant que les Anglais qui sont en France sont presque tous des pick-pockets. John fit une grimace à ce compliment d'un goût douteux, mais il se convainquit vite que son interlocuteur était simplement naïf, comme un homme qui vient de se désaltérer aux fontaines de la naïveté même, et qu'il n'avait nullement entendu être impertinent. Le dernier doute fut dissipé sur ce point par l'insistance que mit le maladroit Rondelet à l'engager à lui venir faire visite. — « Ma femme, lui dit-il, reçoit tous les mercredis. » John, à son tour, rougit de plaisir en regardant madame Rondelet qui daigna ajouter : — « Monsieur vous me ferez grand plaisir à moi-même en acceptant. » Pour le coup, John faillit s'évanouir de joie. Le couple le quitta en lui laissant son adresse. Madame s'emmitoufla dans une pelisse de soie et Monsieur faillit éborgner un camarade de vestiaire en enfilant la manche gauche de son pardessus. Comme hébété, notre Anglais descendit précipitamment pour voir monter en voiture celle qui venait de lui parler avec tant de gentillesse. Les ressorts gémirent doucement et il y eut un encombrement léger à la portière quand madame Rondelet y voulut faire passer ses jupes. Je ne sais rien de plus aguichant aux sens que ce spectacle des Parisiennes un peu grassouillettes s'insinuant en carrosse. John en sut quelque chose et regagna sa chambre d'hôtel avec des visions de harem dans le cerveau.

Il lui sembla que la semaine n'aurait jamais de mercredi. Le grand jour vint enfin et il la revit dans un confortable luxueux qui lui seyait encore davantage, portant une admirable toilette de dame chez elle où il semble que la rupture d'une seule agrafe ferait tout tomber, perspective délicieuse où se complaît l'imagination des visiteurs. Elle fut d'une affabilité très grande et je crois bien que le pauvre amoureux allait risquer sa déclaration, quand de nouveaux venus furent annoncés à la porte et commença un défilé de connaissances chargées de banalités, comme des canons, jusqu'à la gueule. Ce fut une artillerie de sottises à la longue portée qui eût mis en déroute tout ennemi un peu délicat. John se résigna à battre en retraite. Mais madame Rondelet l'accompagna jusqu'au seuil et, tout bas, de la part de son mari, mais sans insister sur ce point, l'engagea à dîner pour le lendemain.

Et, rapidement prit-il ses habitudes dans la maison, Rondelet le traitant avec une familiarité pleine de confiance. Rondelet en vint rapidement à le laisser seul avec sa femme, le soir, durant des heures, quand il avait envie d'aller faire un tour aux coulisses des Variétés où il avait une bonne amie. Comme toutes les femmes, madame Rondelet aimait infiniment qu'on lui fît la cour. Celle de l'Anglais était d'ailleurs d'un goût parfait, également timide et passionnée. Car l'amour vrai est généralement sans courage. C'était d'interminables causeries, sous la lampe baissée, les bouches voisinant déjà avec une fausse peur d'être entendues, les joues prêtes à se souder pour le premier baiser, les genoux se touchant et aussi les bras dans toute leur longueur, avec des frissons montant jusqu'aux épaules. On a tort de railler ce premier enchantement des platoniques tendresses. C'est un hors-d'œuvre délicieux, mais un hors-d'œuvre seulement. Madame Rondelet paraissait disposée à se contenter de ces apéritifs et de ces gobichonneries exquises. Mais John sentait joliment croître son appétit. Ces familières délices, loin de l'endormir, le réveillaient affreusement. Un peu d'amertume et de désespoir commençait d'empoisonner son admiration et il lui fallait sa belle tenue de gentilhomme pour ne pas faire éclater son impatience.

Aussi, un jour, ou mieux un soir que madame Rondelet lui disait d'une voix charmante, en lui enlaçant le cou dans la tiédeur parfumée de ses bras : — « N'est-ce pas, mon ami, que nous sommes bien heureux ! » très mélancoliquement et presque sur un ton de reproche, il lui répondit :

— Médème, vô ôbliez quelque chaose !

III

Cette omission devait être amplement réparée. Madame Rondelet n'oublia plus rien, si ce n'est toutefois ses devoirs envers son mari. Nous ne l'en blâmerons pas, je vous prie. C'est une occupation si agréable que, pour la croire illicite, il faudrait douter de la bonté de Dieu. Que serait le mariage sans l'adultère ? Un état d'égoïsme révoltant, l'exercice d'un monopole odieux, la négation de toute notion libérale en amour, le triomphe de l'ennui, la mort du roman et du théâtre. *Di avertant omen !* Dieu nous garde d'une société dont la conjugale fidélité serait la base ! On se mit à tromper ferme Rondelet dans sa propre maison, et c'était justice. Le drôle ne rentrait plus qu'à minuit maintenant. Il découchait même quelquefois, en simulant des affaires d'honneur où il était témoin.

C'était par une de ces nuits heureuses où John jouait au vrai mari qui se prélasse dans les draps aussi longtemps qu'il lui convient. Ah ! l'honneur de ce stupide Rondelet ! Ils venaient d'en faire une jolie charpie. Ils avaient taillé deux, trois, quatre, cinq pans en pleine étoffe, en plein cœur du tissu.

John avait encore ses ciseaux à la main. Mais madame Rondelet demandait grâce. Il fallait bien en garder un petit lambeau pour le lendemain.

Très douce au dedans, tout à fait adorable au dehors, cette nuit mémorable qui grandit la taille de Rondelet de plus de cent coudées. Claire, avec un grand scintillement d'étoiles, et une pleine lune roulant sur un imperceptible char de petites nuées, une lune ronde comme un fromage, jaune comme l'œil d'un énorme chat. Ils voyaient cela de leur lit, ayant tout grands ouverts les rideaux de la croisée, pour jouir de ce magnifique spectacle du ciel, durant les entr'actes de leur amoureuse comédie.

Ayant déclaré que la pièce était finie, madame Rondelet s'était échappée des couvertures pour une de ces équitations intimes, hydrauliques et salutaires, où l'on n'a pas à craindre que la monture, aux tranquilles jambes de bois, vous jette à terre par quelque saut désordonné. Un murmure de source qui se réveille dans les gazons scandait sa cavalcade, et John, toujours bien élevé, soupirait à demi-voix cette romance enfantine :

A cheval sur mon bidet...

que disaient les vieux qui nous faisaient autrefois sauter sur leurs genoux. Quand le jet d'eau se tut, madame Rondelet ayant mis pied à terre, l'Anglais s'élança à son tour, mais il s'arrêta, interdit, au bord du petit lac encore frissonnant d'imperceptibles rides. Dans le miroir de cette onde émue, la lune du dehors dont l'image traversait les vitres pour prendre ce nouveau bain de Diane. Or ladite lune était si pleine, si ronde, si blanche, si pareille à celle que l'heureux John caressait encore, sous la toile, il y a quelques instants, qu'une idée folle lui passa sous le front :

— Médème, s'écria-t-il, avec une anxiété indicible dans la voix, vô ôbliez quelque chaose!

LE VENTRILOQUE

LE VENTRILOQUE

I

Toi qui, sous le réveil des premiers souffles automnaux, courbes les branches inquiètes, qui sèmes, dans l'air tiède encore, l'or des premières feuilles mortes, qui jettes sur le sol, avant leur maturité savoureuse, les rares pêches de mon jardin ; toi qui penches, comme l'aile d'un oiseau blessé, la blancheur des voiles sur la face ridée d'argent des fleuves, tandis que, dans les batelets dominicaux, les femmes poussent de charmants petits cris de peur; toi qui fais gémir, autour des saulayes éplorées, l'âme mélancolique des harpes invisibles, et qui, comme des tulipes moroses, retournes les parapluies sur le nez fouetté de rose des bourgeois maugréants, Eole, père du Zéphir et grand oncle de Crépitus, c'est pour désarmer, en un rire bienveillant, tes précoces colères, que j'écris ce conte sur du papier spécialement fabriqué à Soissons, par de dyspepsiques et flatulants papetiers. Car tu es bon vivant au fond, Eole, et quand, pareil au maître des dieux dans l'humble chaumière de Philémon, tu quittes tes aériennes demeures pour loger au ventre reconnaissant de l'homme, tu es, pour les pauvres gens, une intarissable source de gaieté et tu leur fais, autour des âtres où le tison fume, moins longues les veillées d'hiver. Tu remplaces le grillon dans les chaumières dénuées de bon génie; dans l'hivernale solitude des plus pauvres demeures, tu évoques le souvenir parfumé des fleurs printanières. Horace et Rabelais ont rendu hommage à ton aimable caractère, bénévole Immortel, auteur méconnu des premières romances sans paroles, libérateur des digestions malaisées, sublime inventeur d'un lest dont tout aéronaute est naturellement muni, organiste inspiré des péritoniques cathédrales, bavard sans médisance, chanteur sans prétention, *initium sapientæ*, dernier rempart des pucelles aux abois, auguste, bienfaisant, et ventripotent Eole vers qui s'élevèrent les premiers encens de ma jeunesse, sous la malédiction prématurée de mes parents.

II

C'était un fort joli garçon qu'Eusèbe Loufaleau, et de belle prestance, en la trentième année de son âge et bien pourvu de fortune, ce qui ne gâte rien au mariage. Comment n'avait-il donc pas pris femme encore, lui que d'excellents principes de morale avaient toujours gardé des concubinages malséants? Il y avait là certainement quelque mystère. Tout d'ailleurs, dans l'air de ce mélancolique personnage, semblait murmurer les deux premiers hémistiches du célèbre sonnet d'Arvers : la timidité maladroite de sa personne, son goût pour la solitude, son peu d'empressement auprès des demoiselles, et je ne sais quoi surtout de suppliant, dans ses beaux yeux tristes, qui semblait demander pardon. Et dans ces mêmes prunelles cependant brûlait ce feu intérieur qui dit les désirs contenus et les résignations douloureuses. Faut-il faire parler, devant vous, ce sphynx vivant ? Soit ! mais alors reculez-vous un peu ou portez à vos narines, marquise, la fine batiste de votre mouchoir. Le malheur secret du pauvre diable était précisément d'être, si vous voulez, ventriloque, c'est-à-dire d'avoir les cordes vocales beaucoup plus bas qu'il ne convient, pour chanter en société surtout. J'entends qu'Eole était venu demeurer chez lui et ne faisait qu'en ouvrir la porte naturelle à tout moment, comme les maniaques qui ont toujours besoin d'air. Et ce va-et-vient du dieu pétulant se faisait avec une musique tout à fait impertinente. Vous savez que cette cohabitation avec un dieu, toujours à l'huis, consiste en une maladie, laquelle figurait autrefois, comme la cohabitation avec une concubine, parmi les causes du divorce. Notre Eusèbe Loufaleau en était irrémissiblement atteint, et la médecine avait tenté vainement d'exorciser, en lui, avec des goupillons à canules, cet esprit malin qui le rendait insociable et immariable surtout, ce dont il était particulièrement marri, ayant sur soi toutes les pièces idoines aux félicités conjugales dont Panurge a recommandé la première en de très éloquents propos.

Un vieil ami de la famille écrivit un jour d'Espagne, où le malheureux se repaissait de *punchero*, que le descendant d'une très grande famille Hidalgote, le marquis don José Silvès y Saularoz, possédait une fille pauvre, merveilleusement belle, et copieusement sourde, dont il se débarrasserait volontiers en faveur d'un Français opulent. C'était une occasion toute indiquée. On pouvait même laisser ignorer à la future l'infirmité de son fiancé, ou la tromper en lui disant, pour expliquer l'air un peu chose et gêné d'Eusèbe, qu'il avait un œil de verre, mais qu'il n'y fallait jamais faire aucune allusion. On s'arrêta à ce dernier stratagème pratique, et les choses marchèrent avec une rapidité qui démontre bien que Louis XIV n'avait pas dit un mot ridicule, en affirmant, devant l'histoire, qu'il n'y avait plus de Pyrénées. C'est uniquement pour faire des situations aux douaniers qu'on feint de supposer qu'il en existe encore. Nos députés ont tant de parents à pourvoir de places fructueuses et honorées !

III

Mademoiselle Beppa Silvès y Sanlaroz était charmante, comme je l'ai dit plus haut. La nature équitable et compensatrice avait reparti sur ses autres sens ce qu'elle lui avait volé de finesse au point de vue de l'ouïe. Ses beaux regards étaient les plus pénétrants du monde, ses mains blanches d'une merveilleuse adresse, ses lèvres d'une gourmandise exquise et son nez latin captieux des plus subtiles odeurs. C'est ce à quoi on n'avait pas pensé et ce qui faillit tout gâter. Beppa n'entendait pas les concerts d'Eusèbe, mais il lui venait quelque chose de l'air du jardin où il les exhalait. Plus heureuse que le poète Persan, rose elle-même elle respirait le parfum de la rose. Comme à beaucoup de femmes l'odeur des fleurs lui faisait mal; la nuit surtout et dans les chambres fermées. Elle se réveillait, la nuit, en éternuant comme si on eût ouvert quelque fenêtre. Et, dans un délicieux patois andalou, elle envoyait à tous les diables ce mari mal clos qui la mettait, sans cesse, dans des courants d'air et qui oubliait toujours de se fermer derrière lui.

Notre pauvre Loufaleau, qui adorait sa femme et qui se rendait fort bien compte de la chose, était vraiment au supplice. Quel Dieu méchant lui avait mis ce ballon dans les entrailles ? Il maudissait la vie et devenait de plus en plus morose. Très bonne, au fond, Beppa regrettait ses colères de la nuit et et lui demandait pardon en mille caresses de femme aimante.

Désespérant de se mettre sous cadenas, Eusèbe inventa une pratique qui atténuait beaucoup le désordre causé par ses intempérances de langage. Quand il sentait que le démon capricieux allait ouvrir la croisée, brusquement il sortait son derrière des draps, par un mouvement violent de recul (et de cul) de façon à ne point enfermer sous les toiles la méchante haleine à laquelle il donnait la liberté. Il devint bientôt d'une force prodigieuse à cet exercice et il était arrivé à chasser si loin l'invisible cartouche que la poudre en était à peine sentie de sa voisine qui recouvra ainsi le sommeil. Et, avec le sommeil, rentra la sérénité dans ce noble ménage. Une nouvelle lune de miel se leva au ciel, un instant assombri, du lit conjugal. Le baiser refleurit sur leurs bouches comme un volubilis qui se rouvre à l'aurore et l'âme douce des caresses, comme le vent qui porte l'aile blanche des colombes, se remit à tressaillir dans la transparence des rideaux. Une femme sourde est presque muette. Que le silence leur semblait doux à tous deux ! Car les lèvres sont faites pour mieux que pour parler et c'est leur désœuvrement seul qui enfanta l'éloquence.

IV

Or, une nuit, tout doucement, sans réveiller Eusèbe, Beppa, qui couchait dans la ruelle, avait enjambé son mari, pour se venir asseoir, à la tête du lit, sur un vase étrusque dont la vitrine s'appelle : table de nuit, dans les familles. Le murmure d'une source, qui chante sous la profondeur humide des mousses, sussura dans l'ombre avec de petits soupirs de soulagement. Juste, à ce moment, notre Eusèbe eut un sursaut — un caprice d'Eole qui demandait absolument de l'air. Plus véhémentement que jamais, dans l'obscurité inconsciente, il rejeta la converture et fit sa damnée gymnastique. Les deux visages se rencontrèrent, celui qu'il mettait dehors et l'aimable minois de Beppa toujours en naïade. Par un sentiment exquis de pudeur, celle-ci voulut repousser doucement la figure qui lui tendait un baiser sans doute. Elle sentit son joli doigt, son doigt mignon, son doigt exquis, son doigt d'ivoire ourlé de rose qui entrait... Ah! quelle peur elle eut! Car se relevant et se jetant en avant, les bras ouverts, elle gémit :

— Ah! mon pauvre ami! je t'ai crevé ton dernier œil!

LA TOUZÉE

LA TOUZÉE

A Paul Lordon.

I

Un de ces paysages automnaux de l'Ouest, tout embrumés et mélancoliques, comme excelle à les peindre, quand les chauds soleils d'Afrique ne tentent pas son sincère pinceau, Félix Bouchor, frère de poète et poète lui-même, en vertu du vieil adage :

Ut pictura poesis; dans l'air matinal, une lumière diffuse courant comme une buée d'argent, et, tout au pied du coteau où, sur l'herbe, les araignées avaient tendu de longs fils tout frémissants de rosée, la petite rivière couchée comme un sabre reflétant les blancheurs du ciel. Sur la hauteur, dans le réveil des oiseaux secouant leurs ailes mouillées, les pommiers prolongeant le moutonnement de leurs têtes arrondies et, de l'autre côté, par le chemin qui monte entre deux haies aux feuillages brûlés où les dernières mûres mettaient des gouttes de sang noir, les belles filles robustes, lourdes encore du sommeil interrompu, mais toutefois une chanson ou un rire aux lèvres, grimpant sous les hottes vides pour la cueille du fruit où l'âme pétulante du cidre normand est enfermée.

Sous la fouettée du vent frais qui vient de la mer, cependant encore lointaine, leurs visages semblent de larges roses s'épanouissant et s'entr'ouvrant sur des larmes de lait, quand leurs dents apparaissent sous les lèvres bien rouges. Elles sont la jeunesse et la santé qui passe à la conquête du renouveau éternel. Brunes et blondes, leurs têtes se mêlent dans une oscillation de vagues vivantes et bruyantes. L'éclair des serpes les fait menaçantes comme des Ménades; mais voilà longtemps que le doux Orphée s'est endormi, là-bas, sur la terre grecque, dans la Patrie morte de l'Idéal. Quand, par les brouillards épais et roux qui boivent ses rayons devenus invisibles, le soleil n'est à l'horizon qu'une tache de pourpre, un rond sanglant, une blessure ouverte dans la nuée, j'ai cru voir souvent la tête décapitée du poète remontant dans les infinis recueillis de l'espace. Et les souffles de l'air, amortis par ce coussin de vapeurs fauves, chantaient à mon oreille comme le dernier murmure d'une lyre qui s'endort.

Haletante d'une course rapide, une admirable créature dont la gorge secouée scandait de savoureuses fermetés, les narines fumantes comme celles d'une cavale, rejoignit le groupe de ses compagnes, et les gars qui escortaient celles-ci, cueillant par avance des baisers sur les cous et sur les bras nus, l'acclamèrent railleusement, en criant de leurs voix aigres d'ivrognes précoces :

— Eh ! la Touzée !

Elle leur répondit par un haussement d'épaules et un balancement de hanches qui semblait dire : Si vous saviez comme je me fiche de vous !

Mais, plus fort, ils répétaient, prenant à gueuler une joie sauvage :

— Eh ! la Touzée !

II

— Pourquoi appellent-ils ainsi cette demoiselle ? demandai-je à l'ami qui m'accompagnait et qui propriétaire de cette immense récolte de pommes, connaissait tous les paysans de l'endroit et toutes les paysannes mieux encore.

Il se mit à rire, puis, reprenant son sérieux :

— Nous entendons ici par *touzée*, me dit-il, la tonte des brebis et, le substantif devenant adjectif, comme il arrive souvent dans les patois campagnards, on qualifie également de : Touzée, une brebis fraîchement délivrée de sa toison.

Mes yeux cherchèrent immédiatement la chevelure de la nouvelle venue. Pesante, épaisse, admirable entre toutes, cette chevelure d'un noir presque bleu lui faisait comme un casque de Minerve, ramassée qu'elle était au-dessus de la nuque d'un beau ton d'ambre.

— Du diable si je comprends, lui répondis-je, en lui montrant du doigt cette merveille.

— C'est, me répondit-il, que vous êtes un homme superficiel et qui ne cherche pas sous les vêtements ce qu'ils cachent.

Et comme naturellement pudibond, j'hésitais à comprendre :

— Ne faites pas l'innocent, ajouta-t-il. Vous-même avez fait une dissertation sur ce sujet, à propos de la sculpture antique et de la longue tradition, en train de disparaître dans notre jeune Ecole, qui supprimait, de l'image sincère de la femme nue, un détail jugé trop naturaliste, on ne sait pourquoi, puisqu'il semble, au contraire, que la nature ne l'ait imaginé que comme une façon de voile, l'ombre, si vous voulez, de la feuille de vigne que perdit notre grand'mère Eve, au sortir douloureux du Paradis terrestre. Les Orientaux non plus ne souffrent pas cet ornement et déboisent avec un soin barbare, le seuil de ce que nous appellerons, avec les mauvais écrivains du siècle dernier : Le temple de l'Amour. Je blâme fort, pour ma part, et vous blâmiez aussi, mon doux Silvestre, dans votre éloquent commentaire, cette fantaisie de jardiniers en délire, sans vous écrier toutefois, avec notre Saint-Père : *Sint ut sunt, aut non sint!* Mieux vaut encore le bijou sans l'écrin de velours que l'écrin de de velours sans le bijou. Avez-vous saisi maintenant, compère, à travers l'enfarfouillement volontairement pudique de mes métaphores ?

— Parfaitement, lui répondis-je, mon cher Humevesse. Mais cela ne m'apprend pas pourquoi on appelle cette demoiselle : La Touzée !

— Ça, c'est une histoire, et je vais vous la conter. Mais, seyons-nous, pour cela. J'aime à causer posément, bien calé sur mon séant et sûr qu'il ne se perdra rien, par où que ce soit, de mes paroles. J'ai remarqué souvent que la marche évaporait les idées.

Une longue pierre mousseuse nous servit à tous deux de siège. La cueille des pommes était commencée. Toutes les Eves normandes se ruaient aux fruits à peine mûrs, et je pensais aux cœurs des adolescents que les femmes arrachent ainsi de l'arbre saignant où, sève immortelle, court la virilité des races. A l'horizon, d'un jaune rosé, le soleil luttait contre la nuée, lançant vers le Zénith des fusées vite éteintes, puis se recueillant pour quelque belle gerbe de lumière retombant, dans la rivière, en un ruissellement d'or.

III

— D'abord, continua mon ami Humevesse, cette demoiselle n'en est pas une. Elle est bel et bien madame Cumins, de par un acte de mariage authentique.

— Cumins! m'écriai-je, on ne le dirait pas!

— Les noms sont quelquefois menteurs et souvent ironiques. Aucun, même dans l'histoire, ne fut, en effet, moins mérité, voire celui de Bien-Aimé, que portait Louis XV. Je vois avec plaisir que vous devenez observateur et vous enquérez dévotement de ce que les dames portent sous leurs jupes. Il n'y a rien de plus intéressant, au monde, d'ailleurs, et voilà la bibliothèque que les sages ne se lassent jamais de feuilleter. Il est toujours temps de s'abonner aux revues. Madame Cumins, vous dis-je, a un authentique mari, le meilleur bourrelier du pays, Cumins lui-même, et n'en étant pas plus fier pour ça. Il a épousé, par amour, celle qu'on appelle aujourd'hui : la Touzée, et c'était merveille, durant les premiers mois de leur hyménée, de les voir ne pouvant se quitter un seul instant, sans cesse à la recherche l'un de l'autre ; se couchant tôt, se levant tard, comme ce bon roi d'Yvetot, mais non pas pour les mêmes raisons, s'embrassant dans tous les coins, mangeant à la même cuiller comme si leur soupe était faite avec des baisers ; se serrant le bras tout du long dans les promenades et penchant leurs têtes l'une vers l'autre pour confondre leurs cheveux dans un même frisson ; se volant à la messe le morceau de pain bénit où l'un avait mordu le premier ; effeuillant des marguerites sauvages ensemble le long des haies, faisant, en un mot, tout le manège adorablement exquis des amoureux après la lettre, demeurant aussi fervents que les amoureux d'avant. Car, où le mariage n'est pas désillusion, il est redoublement de tendresses, par l'effet mutuel de la reconnaissance. Oncques ne vit-on gens mieux épris et mieux prêts à tout donner pour une caresse. Dans cet abandon d'eux-mêmes à leur amour partagé ils vivaient les plus heureux du monde.

— Je vous crois, Humevesse.

— Or, il advint qu'un soir Thomas, — ainsi se nommait et se nomme encore M. Cumins de son petit nom, — rentra chez lui avec une longue éraflure à la main droite, éraflure qu'il s'était maladroitement faite, — en pensant sans doute à sa femme — avec un outil tranchant comme en exige son métier. Une longue raie sanglante marquait la place. Ah ! la pauvrette se mit à pleurer, comme un saule, en voyant cela. Mais si douces que fussent ses larmes et si brillantes les perles tièdes qui lui tombaient des yeux, elles ne suffisaient à guérir cette affreuse blessure. Eperdue, elle appela mère Migevent, la voisine, qui passait pour s'y connaître à tous les maux, et qu'on nommait, dans le village : la médecine. Et qu'on avait raison. Car c'était bien la vieille, — Dieu ait son âme, — la plus embêtante qui fût et la mieux comparable à la colique. — La mère Migevent regarda la plaie, secoua d'un air capable son vieux nez picoté comme une fraise et d'où pleuvaient des roupies, puis formula son ordonnance. Un bon emplâtre de poix ferait l'affaire. Dix minutes après, le temps d'aller chez l'épicier, promu en cette occasion au grade d'apothicaire, et Cumins avait tout l'intérieur de la main enduite. Après quoi tout le monde lui conseilla un peu de sommeil et il s'en fut se coucher avec sa femme dont les yeux étaient humides et rouges encore.

Or, le lendemain matin, quand il se réveilla en sursaut, trop tard pour l'ouvrage, et sauta vivement du lit, on entendit, dans la maison, un grand cri de femme.

La pauvre madame Cumins eut le grand tort de conter à la vieille Migevent que c'était elle et pourquoi elle avait poussé ce grand cri. Bientôt tout le hameau sut comment, en elle, s'était renouvelée la fable de Samson sous les ciseaux de Dalila. Absalon serait encore vivant peut-être si un passant charitable, le bon Samaritain, par exemple, se fût trouvé là pour le délivrer de la même façon. On n'appela plus la pauvre femme que : La Touzée ! Vous avez vu qu'on ne lui donne pas encore d'autre nom.

— Et son mari ?

— Oh ! il est parfaitement guéri maintenant. Seulement, à l'instar du Coupeau d'Emile Zola, il est devenu, depuis qu'il a été blessé, fainéant comme une loche. Ceci m'est une occasion, mon cher, de vous apprendre encore une autre locution du pays, laquelle est d'ailleurs répandue dans presque toute la France, mais qui lui convient particulièrement. Quand on parle de sa paresse on ne manque jamais d'ajouter qu'il a « un fier poil dans la main. »

COUVEUSE ARTIFICIELLE

COUVEUSE ARTIFICIELLE

I

— Oui, monsieur le curé, c'est connu dans toute la contrée et c'est arrivé, l'an passé encore, dans la famille de Thomas le Péteux : quand une poule a eu un regard d'une couleuvre, c'est des serpents qu'on trouve dans les œufs de sa première couvée.

— Taisez-vous donc, vieille folle, et me donnez plutôt ma douillette. Je dis, ce matin, la messe chez l'excellente douairière de Moncinge et vos maudits bavardages me feront arriver, au château, en retard.

Ce disant l'abbé Bizeminet prit brusquement congé de sa gouvernante, Elisa Leloup, qui le suivit du regard, avec un léger haussement d'épaules. Car c'était une personne violemment crédule et qui n'entendait qu'on la heurtât dans aucune de ses croyances. Le phénomène dont elle avait parlé ne lui semblait pas plus incroyable que bon nombre de miracles réputés authentiques par son maître. En quoi elle avait peut-être absolument raison.

Transportons-nous maintenant, avec le digne ecclésiastique, chez la douairière qui l'attendait impatiemment dans un décor fait comme pour les proverbes d'Octave Feuillet. Un grand salon avec tous les meubles en tapisserie et des pelotons de laine sur presque tous les meubles; de larges fenêtres ouvertes sur un immense jardin où mouraient les dernières roses trémières entre les toiles argentées tendues par les premières araignées automnales au corsage gris pailleté de noir. La sérénité d'un ancien domaine où s'achevait la vieillesse d'une femme respectée et bienfaisante, maniaque et magnanime. Il eût fallu une musique de clavecin à cette pièce antique et au mobilier suranné. Peut-être les aïeux en costumes bleu et rose tendre seraient-ils lentement descendus de leurs cadres de bois sculpté, pour esquisser un menuet posthume. Tout disait là la tradition superstitieuse et douce, le culte des morts qui en avaient fait cependant de belles de leur vivant. Car la dynastie des Lecuq de Moncinge (tel était le vrai nom de la famille aux Croisades) avait été renommée, dans toute la province, pour la paillardise des mâles et pour la légèreté des femelles, — bonne souche de bons vivants adorant, ceux-ci, le vin, et celles-là l'amour, ce qui devait en faire une compagnie agréable. De ce ferment de joyeuseté et de galanterie, la douairière n'avait rien gardé dans ses veines virginales. Elle avait vécu selon le Seigneur, pudique et charitable, et sa vieille âme retrouverait des ailes de colombe, blanches comme la première neige, pour s'abattre aux pieds du Très-Haut.

Un tour à la chapelle et ce fut tout. L'abbé Bizeminet vous troussait une messe en moins de vingt minutes, sans en omettre le moindre oremus. Virgile lui-même n'eût rien compris à son latin. Une partie de tric-trac fit attendre le déjeuner auquel on retenait le curé. Très galamment celui-ci la perdit, ce qui rendit la douairière d'excellente humeur. Je vous fais grâce des plaisanteries grossières qu'accumulent les gens mal élevés sur la gourmandise des prêtres. Je me méfie, pour ma part, de ceux qui mangent sans convoitise et sans plaisir. C'est qu'ils trouvent ailleurs la compensation interdite, à moins que l'appétit formidable de quelques-uns ne soit qu'un besoin immense de réparation. Mon Dieu, comme tout est jugement téméraire en ce cas ! Ce qui est certain, c'est que Rabelais — le seul à qui j'aurais consenti de me confesser — adorait les godebilleaux et ne m'en semble que plus divinement aimable pour cela.

II

On fit, après le dessert et le café, un tour dans le parc. Avec de charmantes coquetteries de vieille, la douairière fit au prêtre les honneurs de sa grande allée de dahlias dont elle-même avait choisi les variétés, de façon à obtenir un merveilleux ragoût de couleurs. Car ces hautes fleurs sans âme, — j'entends dire sans parfum — tuyautées comme des collerettes de mignons — ont le teint des violets tendres, des poupres intenses, des jaunes éclatants. L'allée descendait doucement jusqu'à la porte du potager où d'admirables tomates mettaient de larges gouttes de sang clair. Une autre petite porte à droite et, sous un berceau de clématites sauvages s'effilochant en houpettes grises, on entrait dans le poulailler, qui était encore une des fiertés de la châtelaine. Toujours suivie du curieux abbé, la grande dame s'en fut dénicher elle-même des œufs. Dans le nombre s'en trouvait de tout petits, presque roses. de mignons œufs qu'on aurait cassés avec remords et beaucoup de lard dans une omelette. Le saint homme se fit montrer les oiseaux d'où sortaient ces merveilles, de charmantes petites poules huppées à peine plus grosses que de grosses perdrix et qu'on n'eût mises en broche qu'avec des larmes dans les yeux et un joli bouquet de serpolet et de thym, ces immortelles pour les funérailles des petites bêtes comestibles. L'abbé s'extasia. Il tomba, comme dit Panurge, en contemplation véhémente ; il témoigna d'un tel enthousiasme que la douairière lui proposa d'emporter ces jolis œufs qui étaient au nombre de huit. Ne pourrait-il les faire couver au presbytère ? Justement la vieille poule, qui constituait tout le poulailler de notre Bizeminet, avait témoigné des velleités de maternité. Elisa ne pouvait la faire envoler de son panier. L'abbé accepta donc avec reconnaissance, et deux heures après vous l'auriez pu contempler sur la route marchant dans une poussière dorée, son bréviaire sous un bras, et l'autre bras tendu par le poids d'un mouchoir à carreaux où était soigneusement déposé, dans de l'herbe fraîche, le fragile espoir de la couvée. Il appela Elisa, en rentrant, et tous les deux insinuèrent les huit grosses perles sous le ventre légèrement déplumé de la vieille poule, qui poussa des gloussements joyeux. Ce fut, tous les jours suivants, une grande distraction pour le presbytère. L'abbé ne pensait pas à autre chose, même pendant les offices, et se reprochait, avec de grands actes de contrition, cet état vraiment pusillanime de son esprit. Elisa confectionnait, par avance, de petits paletots en flanelle pour les poussins à venir. Dam ! on était déjà à l'arrière-saison et les nouveau-nés ont besoin de soins plus grands, sous le déclin frileux de l'année. Ah ! les bonnes gens qui confièrent des messes au curé pour le repos de l'âme de leurs proches défunts n'en durent pas obtenir, pour ceux-ci, un bien grand soulagement. C'est encore en pensant à ses poulets que le pauvre homme les recommandait à la miséricorde divine.

III

Par exemple, en voilà une bonne ! Plus que quelques heures et la vieille poule défaillante, victime de son abnégation de couveuse, meurt au champ d'honneur, — j'entends sur la coquille de ses enfants d'adoption, avant que ceux-ci aient vu la lumière. Vainement on cherche avec des cordiaux à ranimer la sublime bête. Elle expire et sa petite langue desséchée pend de son bec entr'ouvert, tandis qu'une taie blanche se forme sur ses yeux éteints. Une convulsion d'ailes, et c'est fini ! Un hérissement douloureux de plumes mouillées par l'agonie et tout est dit. Peut-on imaginer une mésaventure pareille, un semblable naufrage en plein port ! Il n'y a pas à dire, si une température suffisamment élevée, doucement entretenue, vivante, pour ainsi parler, ne continue l'œuvre interrompue par la mort, la couvée tout entière est fichue. Les grands cataclysmes enfantent les grands dévouements. Elisa se sent, pour ces futurs orphelins, des entrailles de mère. Sans dire un mot, elle trousse ses jupes et s'accroupit sur le nid de paille, décidée à demeurer dans cette position jusqu'à parfaite éclosion de la volatile postérité. Résolution héroïque, car bientôt, sur les jarrets ployés de la vaillante servante, tire rudement le poids de son postérieur maléquilibré par le poids insuffisant de sa tête. Car c'est en vain que la femme voudrait charger également les deux plateaux d'une balance avec les extrémités inégales de sa personne. Contre la lassitude, Elisa fait bonne figure (vous pensez celle dont je veux parler). Mais voici qu'une indiscrétion de la Nature vient soudainement ajouter à son supplice. Les entrailles des mères ont, comme les autres, leurs fantaisies. L'imprudente couveuse avait mangé beaucoup de raisin à son déjeuner. Ce chasselas était en pleine insurrection. Rester un instant de plus constituait le pire des dangers pour les œufs au-dessus desquels grondait déjà l'orage. Il n'était que temps de fuir pour ne les pas faire tourner. Mais abandonner au froid cette progéniture au seuil périlleux de la vie ! Elisa appela au secours. L'abbé vint en toute hâte. Lui aussi fut inspiré par le caractère dramatique et désespéré des événements. Soulevant à son tour sa soutane, il prit la place tiède de la servante et ne bougea plus, comme si un photographe lui avait parlé. Mais soudain il entendit, sous lui, un petit bruit sec, dont, dans son émoi, il ne s'expliqua pas la naturelle origine. Quelques brins aigus de paille se détentirent-ils en même temps et le vinrent-ils piquer à l'endroit qu'il avait mis à nu ? Toujours est-il qu'il eut comme l'impression de petits coups de bec et ne douta pas que ce fut un des petits poussins venus au monde qui lui souhaitait ainsi le bonjour. Très douillet de sa nature, le brave homme appela vivement Elisa, qui, fort heureusement, avait achevé sa ponte de septembrale purée.

— Un petit poulet est éclos, lui fit-il, et me laboure odieusement en dessous. Passe derrière moi, et plonge doucement la main en dessous, dans le nid, pour l'enlever aussitôt. Qu'il ne me casse tous les autres œufs et me laisse le derrière tranquille !

Sans hésiter, la courageuse Elisa obéit. Mais bien vite, après l'avoir vigoureusement enfouie, elle retira la main en poussant un cri.

— Levez-vous, levez-vous ! monsieur l'abbé, disait-elle. La poule avait vu la couleuvre, comme chez Thomas le Péteux !

LE DÉLUGE DE MAILLANE

LE DÉLUGE DE MAILLANE

A Frédéric Mistral.

I

Or celle-ci me fut contée par un si noble poète que je vous en tairai le nom, d'aucuns d'entre vous, — et non les plus spirituels, — étant capables de s'étonner qu'un tel homme s'amusât de billevesées, comme si rire n'était pas le propre de tous les braves gens et que le génie fût condamné à demeurer morose. Celui-ci est, au contraire, comparable à la lumière, laquelle est la gaieté vivante du ciel. C'est d'ailleurs d'un paysan que le poète tenait l'aventure aussi naïve, pour le moins, que joyeuse par le menu du détail. Un curé crédule y est doucement berné et un galant audacieux y joue son rôle. Mais, parbleu, j'aime bien mieux vous dire les choses simplement, comme elles me furent, à moi-même, narrées dans le moins solennel décor du monde.

Il y a fort longtemps de cela, — avant, si vous le voulez, que le chantre immortel de *Mireïo* en fît le berceau d'une gloire — Maillane n'était connu que par l'extraordinaire simplicité d'esprit de son curé. Le brave homme, à qui le paradis était acquis par avance, ne cherchait pas, dans la Bible, son unique lecture, les beaux symboles qui en font le plus admirable poème des âges, mais il en prenait à la lettre tous les récits et en traitait les paraboles comme d'anciens faits-divers, réunis par un journaliste du temps, pour l'éducation de l'humanité. Moyse lui apparaissait comme un courriériste remarquablement informé qui faisait son reportage jusqu'au pied des buissons en feu. Cette façon pratique d'interpréter la légende induisait le bon prêtre en mille pratiques compliquant sa vie.

Ainsi ne quittait-il pas son tricot, de peur que Dieu n'en profitât pour lui chiper une côtelette et créer une femme avec. Quant, à table, une dame lui offrait innocemment une pomme, il reculait d'horreur et lui disait : « Pardon, madame, mais je sais ce qu'il m'en cuirait. » Il ne se retournait jamais, quand il y avait un incendie, de peur d'être métamorphosé en statue de sel. Il portait les cheveux ras pour éviter le sort d'Absalon et se cachait derrière les arbres quand il voyait un gamin armé d'une fronde, se souvenant de Goliath. Mais de tous les événements constituant la gazette de ces temps lointains, le déluge était celui qui l'impressionnait le plus vivement. Un cours d'eau débordait-il dans le voisinage, il se sauvait comme un lièvre par les champs; il passait à genoux le temps des sonores ondées qui battent, aux vitres, le rappel de l'hiver en chemin. Puis, le péril passé, il pensait et se disait que, l'iniquité des hommes n'étant pas moindre aujourd'hui qu'autrefois, il n'était nullement impossible que Dieu fût repris d'une hydraulique et vengeresse fantaisie. Et, de fait, vous seriez, j'imagine, à la place du Très-Haut, dans le jardin fleuri des étoiles, vous prendriez certainement plaisir à *compisser*, fort aigrement, comme disait Panurge, le microcosme de politiciens abjects et sans talents, d'imbéciles bavards et d'électeurs idiots que nous sommes maintenant. Cette incontinence volontaire de l'éternelle Vessie dans le firmament ne serait que justice.

L'obsession d'un cataclysme lyriquement humide, vraisemblable et imminent, devint telle pour le malheureux abbé qu'il ne songea plus qu'à en prévenir personnellement les déplorables effets. Avec une charité toute évangélique, il ne se préoccupa que de soi-même. Sur commande, presque sur mesure, il se fit construire par Calpestrou, le meilleur et le seul menuisier de l'endroit, une petite arche à l'instar de celle de Noë dont il avait vu le dessin dans les images. En même temps, il planta un olivier sur une hauteur voisine, et éleva un pigeon destiné à lui en apporter le rameau libérateur, ce qui est pour cet oiseau une occupation, moins douce peut-être que celle de faire la cour à une vierge, mais bien préférable à celle d'être mangé, même avec des petits pois. Au plus haut du clocher, par une solide corde, il attacha le vaisseau à qui il devait confier, non pas seulement la moitié de son âme, mais son âme tout entière et son corps avec, auquel il tenait infiniment. Ainsi, quand l'eau atteindrait le sommet de l'église, pourrait-il, en coupant le lien qui retenait son navire, s'élancer sur l'immensité et y voguer tranquillement, comme l'antique patriarche.

Et, toujours à l'imitation de ce dernier, mit-il un couple des bêtes qui lui parurent utiles à son alimentation, dans cette nautique ménagerie, poulets qu'il aimait beaucoup en fricassée, et lapins qu'il adorait en gibelottes, lièvres et perdreaux pour la saison du gibier, sans oublier un ménage de cochons dont il grignoterait sournoisement le lard dans les temps difficiles. Car vous savez que ce savoureux sous-derme du porc peut lui être volé, en tranches minces, de son vivant, sans que sa santé en soit sérieusement compromise. C'est même le secret de l'affection de saint Antoine pour son compagnon, à qui il dérobait des sandwichs à l'heure où les restaurants de nuit eux-mêmes s'éteignent sous le clignotement mourant des becs de gaz.

Ainsi le curé de Maillane se montra-t-il bien plus sagement éclectique que Noë qui entassa follement, dans sa villa aquatique, un tas de bêtes nuisibles. Je vous demande un peu s'il était bien nécessaire de garder à l'humanité les précieuses compagnies des puces et des serpents? Noë n'était pas seulement un ivrogne, mais un inconsidéré, un patriarche bien intentionné, mais sans cervelle, et si ses fils irrespectueux lui avaient enlevé sa casquette, au lieu de sa culotte, ils n'auraient absolument rien trouvé dessous.

Ainsi, bien muni de comestibles vivants, voire reproducteurs auparavant, notre curé prit la douce habitude de faire, tous les soirs, l'ascension du clocher pour aller coucher dans son aérienne guérite, en cas que le déluge arrivât durant la nuit. Et, d'un cœur sans égoïsme, laissait-il, en se recommandant au Seigneur, dans une prière, sa servante Vivette à la maison, lui recommandant d'ailleurs de bien fermer le presbytère, qu'aucun mécréant ne lui vînt voler ses confitures, auxquelles il tenait infiniment. Et, un bon couteau grand ouvert, pour trancher la corde, sur sa table de nuit, s'endormait-il ainsi juché dans le voisinage des astres qui s'esclaffaient lumineusement dans l'étendue, et sous le grincement narquois du coq de ferraille qui ouvrait, au-dessus du clocher, ses ailes rouillées.

II

Or, Vivette avait-elle un amoureux, ce qui se comprend sans peine. Car elle était avenante et délicieusement grassouillette, postérieurement dodue à faire mourir de jalousie les melons sur leur couche sans sommeil, brune, parbleu ! avec des cheveux où passaient des veines de lapis lazuli ; une bouche comme les mûres qui ne le sont pas encore et ne sont qu'une larme de pourpre aux branches des mûriers ; des yeux où passait, dans l'ombre, l'image sereine des étoiles ; un front limpide comme les sources et des dents blanches comme un grésil... Alors, monsieur le curé... ? Non ! Godelureaux voltairiens que vous êtes ! M. le curé était un saint et Vivette une fille sage, ce qui ne l'empêchait pas, comme vous l'allez voir, d'avoir beaucoup de gaieté dans l'esprit. M. le curé ne lui avait jamais fait la cour. Il était trop occupé des menaçantes histoires de l'Ancien Testament et du devoir de son saint ministère. Mais un autre se chargeait simplement de ce soin, le forgeron Antoine, qui était un beau gars, fort aimé des filles, mais très rageur de tempérament. Celui-ci se mourait tout simplement d'amour pour Vivette et le lui osait dire dans le langage le plus enflammé du monde. Quand il apprit de celle-ci que M. le curé découchait, pour la prudente raison que vous savez, il en éprouva à la fois une grande joie et une grande espérance pour la réalisation de ses vœux. Une nuit ou l'autre, Vivette se lasserait certainement de demeurer seule dans la mélancolie du presbytère. Le pieux verrou serait lestement tiré par elle et tous deux s'embrasseraient dans un clair rayon de lune, dans une fiançaille de clarté tombant du ciel.

Mais Vivette tenait bon et refusait absolument d'ouvrir la porte.

Alors le galant se fit humble et demanda une moindre faveur qu'on ne lui pouvait guère refuser. A la porte était une façon de Judas permettant de voir le visage des arrivants avant de leur ouvrir l'huis. Vivette y mettrait seulement son visage, qu'Antoine y pût laisser un baiser sur le velours frémissant et duveté de la peau. La servante finit par promettre, mais à la condition que le galant fermerait les yeux. Elle avait son idée en tête, ou ailleurs, comme vous l'allez voir. Antoine ayant juré ses grands dieux de garder les paupières closes, légèrement elle se troussa et lui bailla à baiser, non pas la fraîcheur de sa joue, mais une autre patène plus large, plus ronde et que les naturalistes bien élevés nomment derrière (*sive* fessier), en religion frère Pétard, puisque nous sommes en pleine dévotion. Antoine baisa dévotement, mais non sans s'apercevoir de la ruse, et sans rien dire pour l'instant, il en conçut un épouvantable dépit.

Ici j'arrêterai le poète et le paysan tout ensemble, dans leur rustique récit, et je leur avouerai que je ne comprends pas du tout la grande colère de cet imbécile de forgeron. Moi je trouve la plaisanterie tout à fait charmante, naturelle et surtout amicale. Etait-il donc si malheureux de tutoyer des lèvres le délicieux joufflu, lilial, monoculaire et abondant, monstrueux et harmonieux à ses heures que les dames ne nous cachent d'ordinaire que pour nous éviter l'excès même de la tentation, qu'elles ne montrent généralement qu'aux gens qu'elles honorent d'une particulière et sympathique confiance. Plût au ciel qu'une que je sais bien me fît cette charitable aumône d'un baiser sur la naturelle doublure de ses jupons. Je vois d'ici le bon sourire de ce gros moine au sortir de son capuchon. Embrassons-nous, mon frère, pour la plus grande gloire de Dieu !

Non ! vraiment, vous ne trouvez pas, comme moi, ce monsieur ridicule. Baiser le postérieur de Vivette ! Que ce soit mon châtiment durant l'éternité de tortures que m'auront valu les débordements de ma folle jeunesse ! Je suis merveilleusement résigné à mon supplice. Et si Vivette a des amies dans l'autre monde, je suis prêt à leur baiser le postérieur aussi, dans l'amer souvenir de mon iniquité. Avis aux pécheresses aimables qui me donnent rendez-vous là-bas !

Quelle brute, décidément que ce bâtard de Vulcain ! Ne conçut-il pas immédiatement son plan abominable ! Après avoir remercié vivement Vivette de la faveur qu'elle lui avait octroyée, et lui laissant toujours croire qu'il avait cru la baiser sur la face, il lui demanda de réitérer le lendemain cette caresse discrète. Et Vivette, enchantée de son espièglerie, se promit *in petto* de lui tendre l'autre joue du même visage.

III

Lâchement, sournoisement, quelques instants avant l'heure du rendez-vous, le forgeron rancunier souffla sur les cendres mal éteintes. Une constellation d'étincelles crépitantes en monta, et quand le brasier rallumé fut comme un œil flamboyant dans l'ombre où la nuit était descendue, il posa un fer qui y rougit rapidement. Ayant appréhendé le métal ardent entre les extrémités recourbées d'une pince, il cacha celle-ci derrière son dos et s'en fut soupirer sa romance devant la fenêtre qui s'ouvrit sans bruit.

— Est-ce vous, Vivette ?
— Oui, cher Antoine.
— M. le curé est sur son perchoir ?
— Depuis une heure déjà.
— Voulez-vous me permettre de recommencer comme hier ?
— Oui, comme hier précisément, mon doux ami.
Et elle se mit en posture.

Lui, la canaille, avança brusquement le fer incandescent encore et le posa. Ça fit pchtt !

— De l'eau ! de l'eau ! de l'eau ! hurla la malheureuse servante dont le fessier ardait sous cette cruelle caresse. Et elle répétait encore :
— De l'eau ! de l'eau ! de l'eau !

Ses cris réveillèrent son maître tout en haut du clocher. Le curé reconnut la voix de sa servante.

« De l'eau ! » criait-elle. C'est donc le déluge qui commençait. L'eau allait atteindre le toit de l'église sans doute. Il n'était que temps. Saisissant son couteau, le curé coupa la corde.

L'arche délivrée roula le long des pierres effritées du clocher. Patatras ! Elle s'écrasa sur le sol avec un fracas abominable, aplatissant, sous les planches brisées, tout ce qui avait vie dans ses flancs en lambeaux. Seul, un lapin s'en échappa vivant et ce fut un grand malheur pour les filles de Maillane, chez qui il fit de très grands ravages.

Avec mille commentaires, dont quelques-uns étaient railleurs et même malveillants, on enterra le pauvre curé. Des imbéciles prétendirent que sa naïveté avait été justement punie. Comme si les malins n'étaient pas encore moins intéressants que les autres ! Dieu est plus clément que cela pour nous. Au printemps suivant, le pigeon que le malheureux abbé avait élevé s'en vint porter sur sa tombe, fraîche encore, une petite branche de l'olivier dont les verdures étaient tendres encore. C'est que la mort est vraiment la délivrance et le salut après ces naufrages sans fin où l'homme lutte contre un déluge universel et éternel.

NÉCESSITÉ FAIT L'OIE

NÉCESSITÉ FAIT L'OIE

I

On verra toujours sourire les gourmets sérieux quand de superficiels mangeurs devant eux parleront, avec enthousiasme, des volailles ridiculement étouffées dans la fadeur de leur graisse qu'étalent, à leurs vitrines, les marchands de curiosités culinaires. Ces victimes de la barbarie humaine dont on a paralysé les ailes, crevé les yeux, gonflé le foie, amputé les génitoires, pour en augmenter le douloureux volume, ne sont pas faites pour charmer le palais des délicats. Combien ceux-ci leur préfèrent les oiseaux à demi sauvages ayant à peine atteint une savoureuse adolescence dans les prés qui entourent les fermes bien tenues ; qui rentrent seulement pour y dormir à la basse-cour et s'en échappent de grand matin, courant dans l'herbe tout enrosée et picorant les avoines tombées des lourdes charrettes ; dindons faisant la roue au soleil qui se lève, oies cherchant des Capitoles de crottin, canards se ruant aux ornières mouillées, poulets qui ne connaissent pas les viriles voluptés bien que munis de toutes leurs crêtes, bêtes libres, en un mot, dont la courte existence n'aura pas été, du moins, attristée par des captivités ! Car c'est un fait que les animaux qui ont souffert par l'homme s'en vengent en étant détestables à manger. Ainsi les gibiers qu'on a forcés à la chasse. Comme toute institution sérieuse, la cuisine est basée sur un principe de morale. Les cannibales, qui s'y connaissent, le savent bien, et ont-ils coutume d'entourer de prévenances et de sybaritiques attentions ceux de leurs prisonniers qu'ils destinent aux honneurs de la broche. C'est par un chemin de fleurs que ceux-ci arrivent à leurs utiles funérailles, dans le parfum des plantes odorantes dont ils seront intérieurement farcis. J'en reviens à mon dire : le moindre poulet du Berry qu'on a laissé vivre au grand air, dans un décor frais de bois et de courantes rivières, fait meilleure figure, à la table des raffinés, que les phénomènes de la Bresse dont la peau luisante éclate et se fendille sur un ruissellement d'huile animale à la première caresse lointaine de la flamme dans l'âtre où soupire la rôtissoire.

Ceci n'est pas, au moins, pour diminuer le mérite des inventeurs et des mécaniciens qui, pour l'engraissement artificiel des rôtis ailés, ont dépensé de véritables trésors de génie. Au premier rang de ceux-ci, le nommé Pamphile Olibrius, de Marseille, mérite certainement une mention spéciale et honorifique. Avez-vous admiré son appareil à l'Exposition du quai d'Orsay ? Une merveille et que je veux vous décrire par le menu du détail. Une façon de tour Eiffel dans laquelle le visiteur, j'entends l'oie destinée à l'expérience, pénètre par un escalier automatique, un ascenseur qui doucement la dépose dans un des larges alvéoles où elle achèvera ses jours dans l'obscurité, sans autre distraction que de se plumer soi-même le dessous du cou, à ses heures de loisir. Ce duvet, recueilli pour faire des édredons, dans des couloirs où il s'accumule, est déjà une cause de rendement considérable. Le reste du temps, l'animal prisonnier peut simplement passer le bec par un trou d'où lui viendra extérieurement la pâtée. Encore ce bec ne peut-il s'engager que fort peu dans cette lucarne, juste assez pour tendre le gosier. Mais la merveille de cette épinette est que, lorsqu'elle a atteint son maximum de grosseur, l'oie en prévient elle-même son bourreau en faisant éclater une paroi comparable à la coquille d'un gros œuf dont chacune de ces boîtes est doublée. Il en résulte un bruit qui est le signal de sa mort.

Tout cela n'est-il pas économique, ingénieux,.

5.

propret et bien honorable pour l'imagination humaine? Une belle fille brune, à la tête embroussaillée de cheveux noirs, bien bestialement paysanne et inconsciemment féroce, — ce qui est la même chose, — se promène, sans cesse, sur une échelle circulaire autour du monument, montrant aux godelureaux et aux vieux friands la rondeur de ses mollets robustes. Un grand tube à la main, comme les arroseurs publics et comme les pompiers, elle va de pertuis en pertuis, versant dans les trous où se montre un gosier ouvert, une façon de pâte farineuse, de bouillie épaisse, de révalescière insipide qui disparaît dans un avide claquement de becs. Ainsi les vendeuses d'amour détaillent-elles, aux imbéciles et aux affamés du trottoir, leurs baisers sans saveur et leurs inferventes caresses.

III

Comment le malheureux Onésime Van de Pétasse, gentilhomme des Pays-Bas, se trouvait-il, l'autre soir, enfermé dans l'enceinte de l'Exposition, longtemps après l'heure où le coup de canon traditionnel en avait annoncé la fermeture? Comment, chose plus grave, courait-il effaré, de ci de là, regardant anxieusement derrière lui? Comment, circonstance aggravante encore! était-il absolument dépourvu de sa culotte? C'est ce que je vous dois dire et ce que je vous dirai. Sachez d'abord qu'il ne s'agit nullement d'une de ces vilenies intestinales comme je n'en ai que trop souvent contées, mais d'une belle et touchante histoire d'amour comme j'en veux toujours conter maintenant. Notre Onésime était amoureux fou d'une gitane et avait eu le grand tort de le lui témoigner en lui jetant successivement des cigarettes, des gants, sa canne, son chapeau et son gilet, ce qui avait déjà simplifié notablement sa toilette et éveillé la juste susceptibilité du capitan qui veille sur l'honneur de ces jeunes demoiselles. Les choses avaient été plus loin encore après la représentation. Le maladroit s'était laissé surprendre au moment où, dans une intimité plus grande et à la faveur de l'obscurité, il était en train de se défaire aussi de son pantalon. Le capitan lui avait flanqué une chasse. Ah ! mes enfants ! L'agile grenadier eût dépassé facilement un lièvre à la course. Heureusement, le Hollandais était rusé et subtil. En rampant dans les taillis, en se faufilant dans les angles des monuments pour laisser passer son ennemi, toujours poursuivi d'ailleurs, il le dépistait depuis une heure, mais sans le lasser. Le joli pavillon de mon ami Charles Toché, dont chacun sait les merveilles décoratives et qui semble une chapelle élevée à la gloire du nouveau Tiepolo, avait été un point stratégique particulièrement attaqué et défendu. Onésime avait failli y laisser, sinon sa peau, au moins sa chemise, dont tout un pan demeura aux mains de l'agresseur. Et nous nous plaignons, injustes célibataires que nous sommes, que nos blanchisseuses fassent de notre linge une aimable charpie ! Cette absence de solidité de nos dernières toiles, grâce à l'abus des acides dans la lessive, est tout simplement la sauvegarde de l'adultère. Grâce à cette défaillance des tissus, nous pouvons imiter le lézard qui, pincé par la queue, se sauve en la laissant aux doigts de l'ennemi. Ceci n'est pas un conseil que je donne, mais une simple métaphore que je soumets aux amants.

Sauvé une fois encore, mais presque nu, le pauvre essoufflé avait fait un mouvement tournant fort habile autour des coulisses du Théâtre des Fantaisies que garde, la nuit même, héroïque sentinelle, le fantôme glorieux de Paulus. Après cette diversion heureuse, qui avait dérouté l'assaillant, il avait gagné le quai et les grandes halles où sont accumulés tous les objets relatifs à l'alimentation. Une de celles-ci était demeurée ouverte par une distraction du gardien dont je demande la grâce, puisque ainsi la vie d'un homme fut sauvée. Van de Pétasse, imprudemment sans doute, s'y engagea, toujours suivi par le chapeau à larges bords du capitan, lequel dessinait, sur les hautes murailles toutes blanches de lune, une course fantastique d'ombres semblant les grandes ailes d'un papillon noir. Le péril était plus imminent que jamais. Instinctivement, le Hollandais, pour se faire plus petit, s'accroupit précisément au pied de l'appareil engraisseur automatique de Pamphile Olibrius, plus haut décrit. Le chapeau terrible approchait encore, secoué par la colère, agité comme la lanière noire d'un fouet. Fou de terreur, Van de Pétasse, apercevant l'ouverture inférieure de la machine, s'y glissa à reculons et le derrière en avant. Comme s'il eût été une simple oie, il fut immédiatement et mécaniquement humé, pour ainsi parler, par l'ascenseur qui, après lui avoir fait décrire un certain nombre de spirales, sans qu'il lui fût possible de se retourner, le déposa et l'enferma hermétiquement dans la plus grande case vide, pelotonné comme un chat, si bien que la gueule de son canon naturel se braquait juste, comme à une meurtrière, au trou destiné à mettre simplement en batterie le bec des oiseaux captifs.

Aussi s'était-il évanoui dans l'ombre comme par enchantement. Très désorienté, le capitan avait fourré un grand coup de poing dans son chapeau à larges bords et était sorti en jurant qu'il ferait sentinelle à la porte jusqu'au lendemain. Mais un troupier annamite, qui flânait par là, l'engagea, à coups de crosse de fusil, à réintégrer le domicile où les jolies gitanas dormaient avec des rêves d'éventails et de cigarettes dans leurs beaux yeux noirs fermés.

IV

La nuit parut longue à Onésime Van de Pétasse! d'autant que, par sa posture elle-même qu'il n'avait pu modifier, il se bouchait le jour à lui-même et n'eut qu'une vague appréciation des clartés sereines de l'aurore. Le réveil lui fut cependant donné par une bien stupide diane. Au moment où il s'y attendait le moins, il se sentit pénétré par un lavement. C'était la brune nourrisseuse d'oies, aux paupières encore lourdes de sommeil, qui, mécaniquement, sans regarder, par le simple mouvement de l'habitude, lui baillait sa part de bouillie avec son tube comme à ses autres pensionnaires. Comme tous les Hollandais, Onésime était naturellement susceptible et cette familiarité le blessa presque autant que la grosseur inusitée de la canule. Mais le sentiment des convenances, vis-à-vis d'une femme, l'empêcha de faire aucune observation. Sa méditation n'en devint que plus douloureuse et mêlée d'une vague colique. Mais que faire ? Le capitan était peut-être toujours là sous les larges bords de son chapeau. On gavait, toutes les demi-heures, les élèves du philantrophe Pamphile Olibrius. La seconde cuillerée de Revalescière, trop chaude d'ailleurs, faillit faire rendre ses gorges au malheureux. Mais le troisième clystère, trop froid, en revanche, lui parut plus amer encore. Il se sentait incapable de supporter une quatrième seringuée. Il allait tout risquer, faire du tapage, demander grâce !... Bon ! on venait d'ouvrir les portes de l'Exposition et une foule considérable était déjà entassée au pied de l'engraisseur automatique. Tout à coup, le malheureux entendit des pas lourds sur l'échelle circulaire. C'était l'inventeur lui-même, M. Pamphile Olibrius, qui faisait les honneurs de son invention au conseil municipal de son village, venu à Paris par un train de plaisir. La femme de M. le maire était là, une grosse qui vous amenait ses cent vingt kilos aux balances publiques et dont le poids faisait crier horriblement les marches. Onésime ne se sentait plus une goutte de sang dans les veines. Si on allait le reconnaître, rien qu'au regard ! Il sentait, par avance, sa vue s'obscurcir. Eh bien, ce fut l'excès même de sa peur qui le sauva.

Gonflé de la soupe postérieure qu'on lui avait insinuée avec la cuiller que vous savez et où dominait la poussière farineuse des haricots et des lentilles, avec une pointe d'anis pour donner bon goût, il ne put, dans l'état surexcité où il se trouvait, retenir une bouffée d'artillerie qui s'en vint justement bouter ses fumées (la poudre sans fumée n'était pas encore dans le commerce) au nez de madame la mairesse, qui faillit s'évanouir de surprise en entendant sortir de cette boîte, d'apparence inoffensive, ce coup de canon. Maître Olibrius qui, tout à son invention, crut que c'était une oie arrivée à point qui cassait, comme je l'ai dit, sa dernière coque, ouvrit immédiatement le casier. Ah? mes amis ! quand apparut le derrière du malheureux Onésime, au lieu de la volaille succulente, ce fut un effarement du conseil municipal, qui crut à une mystification et menaça le malheureux industriel de le précipiter au pied de son propre escalier. Mais Onésime avait retrouvé la parole, en même temps que la respiration et que le sentiment du jour. En deux mots très touchants, il narra son aventure. On le délivra et la femme du maire, qui était sentimentale, s'intéressa infiniment à lui. J'ai dit qu'elle était saine et abondante. Notre jeune hôte trouva dans son affection l'oubli des rigueurs de la perfide gitana. Il parle de se faire naturaliser Français pour ne plus quitter notre beau pays. Quant au capitan, il s'est fait faire deux mouchoirs de poche avec le pan de la chemise du Hollandais, qui lui était resté aux mains, et s'y mouche si furieusement que tout le monde autour de lui croit qu'il a un tonnerre dans le nez. Ses compagnes sont décidées, si cette infirmité s'affirme, à ne pas le ramener à Grenade.

LE SIGNAL

LE SIGNAL

I

Seul dans mon compartiment! Toutes les délices d'un voyage dont rien ne troublera la quiétude! Le calme sommeil allongé sur la banquette et le droit de fumer des cigarettes. Le murmure des roues sur le rail seulement, tandis que le paysage semble fuir en sens inverse de la route suivie, peupliers affolés courant les uns après les autres, comme de longs fantômes noirs ; fleuves étincelants sous le scintillement des étoiles. Et la lente méditation qui nous vient de ce bercement et de cet isolement de toutes choses. Je ferais des vers sans doute, comme toujours quand le train m'emporte. Comme toujours aussi, j'avais le cœur plein du souvenir de l'aimée, et la lèvre brûlante encore d'un baiser d'adieu. Elle était restée moins longtemps que de coutume sur le quai, agitant son mouchoir pendant que je portais le mien à mes yeux. Le regret du départ était fait plus amer d'un soupçon de jalousie. On eût été bien à deux, sous le chaud soleil de Toulouse, dans le premier frisson du décor automnal traversé par le vol des premières feuilles jaunies. Ce sont mélancolies douces à partager, dans un amoureux silence et dans le parfum des dernières roses qu'éparpille l'autan.

Elle est brune d'ailleurs, la bien-aimée, et bien faite pour resplendir dans l'apothéose du sang latin descendu des veines des déesses dans celles de nos belles filles, avec la sève du raisin. Mais je partais seul et déjà, sans doute, elle était loin du lieu où nos mains s'étaient quittées. Comme on a tort de ne pas être toujours ensemble ! La vie est brève et une éternité ne suffirait pas à épuiser le trésor de caresses que porte, en soi, une âme vraiment fervente. Aurais-je pu me lasser jamais de l'odeur grisante qu'elle répand autour d'elle, de la douceur cruelle de ses yeux et de son sourire, du trouble où elle induit tout mon être comme par un enchantement ?

Ainsi méditai-je durant que les premières lieues couraient déjà derrière moi dans un panache de fumée, que les clochers semblaient se poursuivre au clair de lune dans la vapeur des vitres légèrement embuées.

II

Et, sous l'impression que je viens de dire, je m'assoupis, la tête roulée, dans un coin, la bouche sur le gant que je lui avais volé en la quittant et où le parfum vivant de sa peau était resté. Il n'en fallait pas davantage pour rêver d'Elle, et ce fut son image qui descendit dans la transparence rose des paupières à peine fermées, quand une lumière vague flotte encore au dehors. Où étions-nous l'un et l'autre, dans cette vision où nous étions mêlés ? Je n'en sais rien précisément, mais je penche pour le Paradis terrestre. Car, à ne vous pas mentir, ma mie n'avait rien gardé de ses vêtements et me souriait dans le charme d'une nudité triomphante. Je m'étais moi-même débarrassé de tous mes habits, et le paysage où nous errions semblait se recueillir devant cette idylle, les sources ouvrant des yeux curieux sous leurs grands cils de joncs, les étoiles clignotant, inquiètes, dans l'espace et les frondaisons profondes s'ouvrant comme pour laisser passer les regards du ciel.

Et cette promenade était la plus exquise du monde, dans l'herbe fleurie, au murmure lent des ruisseaux. Comme dans les chefs-d'œuvre corrégiens, sur la belle nacre veinée de bleu des chairs courait l'ombre de la chevelure dénouée, et les formes étaient noyées d'un tel éclat qu'elles eussent mis une lumière dans l'ombre, et telle était la séduction de ce beau corps que tout se prosternait, en moi, devant ce miracle de grâce.

— Orléans ! dix minutes d'arrêt.

J'entendis cela vaguement, avec horreur, sans prendre la peine de me réveiller pour si peu. Mais la portière s'ouvrit brusquement et un gros monsieur qu'accompagnait un employé portant sa valise se rua dans ma thébaïde. Nous échangeâmes deux regards ennemis. Il jeta, d'un air de mauvaise humeur, son colis dans le filet et me toisa d'une façon tout à fait impertinente. J'avais une envie folle de le gifler. Au moment où le train sifflait, brusquement il se leva, poussa un juron épouvantable, et redescendit fiévreusement du wagon, comme un homme qui a oublié quelque chose d'essentiel à son voyage. J'étais sauvé !

III

Et, tout doucement, dans la solitude revenue, je repris mon rêve là précisément où je l'avais laissé. C'est bien au Paradis terrestre que nous étions décidément, ma mie et moi. En réalité, c'est toujours là que les vrais amoureux se rencontrent puisqu'ils portent, en eux-mêmes, le Paradis. C'est le seul symbole d'une réelle tendresse partagée qu'il faut chercher dans cette fiction d'un lieu de délices mmortelles dont un ange, la Jalousie, garde le seuil. Et ces divines musiques que nos premiers parents étaient censés entendre, dans la profondeur verdoyante d'un printemps sans fin, n'étaient que la chanson de leurs âmes initiées aux douceurs ineffables du baiser. Ma bien-aimée et moi étions en train de rajeunir la légende. Il me semblait que nous nous rencontrions pour la première fois et que quelque chose de délicieux me brûlait encore à la blessure par où elle était sortie de mon flanc. Je cherchais au sien quelque blessure pareille pour y savourer les voluptés de la vengeance. Elle n'y prenait pas garde, et, presque moqueuse, s'échappait de mes bras pour me faire enrager. C'était un bouquet de délicieux enfantillages qu'elle m'effeuillait au visage, riant de mon désir et de mon dépit, fondant comme une neige sous mes étreintes, glissant sous mes caresses comme un serpent. J'étais décidément fort préoccupé de la Bible. Car mon émoi redoubla en la voyant se diriger vers un pommier dont les pommes étaient roses comme si la fleur revivait sur le fruit. Rapidement, elle en prit une, en cassant la branche, et y planta ses petites dents en pleine saveur humide, humant le jus avec un bruit de joie gourmande qui me donna un frisson. Une folie véritable et irrésistible me vint d'y mordre après elle. Mais d'un mouvement brusque, arrondi cependant et gracieux comme tous les siens, elle leva le fruit au-dessus de sa tête, riant de toute la blancheur de ses dents, et le faisant courir devant ma main tendue. Et je m'obstinais, je levais aussi le bras, je m'irritais à cette étrange chasse, la bouche sèche comme si mes lèvres eussent été de feu. Enfin !... j'atteignis, je touchai, je saisis, je tirai...

Mon bras retomba lourdement et je m'éveillai au coup que je me donnai, moi-même, du poing sur la cuisse. Une résistance invincible avait tenu le fruit suspendu. Tout interdit, machinalement, je regardai au-dessus de ma tête et, à ses vibrations encore sensibles, je m'aperçus avec stupeur que je venais de tirer le bouton du signal d'alarme, dans une de ces pantomimes somnambulesques où nous induit quelque rêve trop mêlé de réalité.

J'appris, en même temps, par une rapide lecture, que tout voyageur ayant fait usage de cet objet, sans courir un réel danger, était condamné à quelques mois de prison, sans préjudice d'une forte amende.

IV

Le signal avait été entendu. Sur un grincement terrible des freins, le train s'arrêtait court. Le commissaire de surveillance et le conducteur du train allaient apparaître à la portière, un falot à la main et peut-être aussi un pistolet. Que dire ! on ne me croirait pas. Six mois de prison pourtant ! Six mois sans la revoir ! Et une forte amende ! Moi qui lui ai déjà promis un cadeau pour sa fête et qui n'en ai pas le premier sou ! Je me sentais perdu. Une résolution héroïque était nécessaire. Une infâme canaillerie était de saison ! Je serrai violemment ma cravate, je déchirai affreusement mon gilet, et faussement pantelant, comme un homme qu'on vient de vouloir étrangler, je me laissai choir de mon long, en poussant des râles imaginaires.

— C'est là ! c'est là ! fit une grosse voix.

Trois hommes entrèrent et se précipitèrent sur moi. L'un dénoua ma cravate, le second acheva de déchirer ma chemise, le troisième me fourra sa pipe sous le nez pour rappeler mes sens. Il me sembla que le mieux était de revenir à moi et je le fis avec des contorsions parfaitement étudiées. Après quoi, froidement, d'une voix volontairement haletante encore, j'accusai nettement d'avoir tenter de m'assassiner un voyageur inconnu qui avait sauté sur la voie, au moment où le train ralentissait sa marche à mon appel. Car une des beautés de cette invention est qu'elle donne aux assassins la facilité de se sauver. Il n'y manque qu'un valet de pied, pour leur tendre la main et les faire plus aisément sauter.

Je dois avouer qu'une certaine incrédulité se peignait dans les yeux de mes interlocuteurs. Tout à coup, le commissaire aperçut le sac de nuit oublié dans le filet par le voyageur d'Orléans.

— Cet objet est-il à vous ? me demanda-t-il.

— Non ! répondis-je, heureux et soulagé de pouvoir dire enfin un mot de vrai !

— En effet, dit le commissaire. Vos papiers nous ont appris votre nom que nous avons déjà lu dans les gazettes. Vous faites même une sale littérature, mon garçon...

— Pardon ! mais ! protestai-je...

— Il n'importe, continua le commissaire. Cette

valise porte un autre nom et est certainement celle de votre assassin.

— Vous croyez...?

— Ça ne fait pas un doute. Ce malfaiteur s'appelle : Etienne Grosclaude. Lisez plutôt.

— Etienne Grosclaude ! murmurai-je, anéanti... Mon confrère, mon ami, et qui voulait, en effet, certainement m'assassiner, puisqu'il s'était déguisé au point que je ne l'ai pas reconnu ! Eh bien ! justice sera faite. Je continuerai à accuser Grosclaude d'avoir voulu m'étrangler, et, si on le guillotine, tant pis pour lui. Je ne veux ni payer d'amende, ni faire de prison !

En descendant à Toulouse, je trouvai déjà, chez moi, la carte du juge d'instruction. L'affaire de Groscraude devenait décidément mauvaise. Ce n'était peut-être pas délicat ce que j'avais fait là. Je tâcherai de lui obtenir les travaux forcés seulement. Lisons le journal pour endormir mes remords, pensai-je, en attendant une nouvelle invasion de la magistrature de mon pays. Or, voici ce que je lus dans la feuille distraitement ouverte : « *Un de nos plus spirituels confrères, M. E... G..., qui partait pour chasser en Sologne, a changé, sans le vouloir, à la gare d'Orléans, de valise avec un voyageur qui, sans doute, s'est aperçu comme lui de cette erreur et et avec qui il serait heureux d'entrer en relations.* »

Je respirai. Mon ami Grosclaude était innocent ! mon ami Groslaude sauvé ! Quant à l'inconnu, qui sera guillotiné à sa place, et qui avait l'air si désagréable, je m'en moque. *Ave Tolosa !* comme il fait un bon soleil sur les allées Lafayette !

CONJECTURES

CONJECTURES

I

Dans la plus jolie rue de Bâle, à sa fenêtre donnant sur cette jolie rue, madame veuve Merminod poursuit l'œuvre pénélopéenne qui charme ses solitaires loisirs, un magnifique paysage en tapisserie au petit point destiné à couvrir une causeuse du salon. Sous ses doigts blancs et grassouillets d'aimable trentenaire, le ciel d'un bleu fade s'est déjà chargé de petits nuages gris, un vol de pigeons s'abat sur le clocher et se dessine, au sommet de celui-ci, l'horloge sans laquelle la nature helvétique ne se comprend pas. Des montagnes, au fond, bien entendu et des vaches au premier plan devant qui un pasteur joue de la musette. C'est exquis, positivement. Comme presque toutes les maisons en Suisse, en Belgique et en Hollande, celle de la veuve est pourvue d'un miroir oblique à l'extérieur, lequel permet aux habitants de voir, de loin, sans se déranger, ceux qui leur viennent rendre visite et de ne pas ouvrir l'huis aux importuns. Pourquoi n'avons-nous pas cela en France? C'est donc pour faire croire aux autres peuples que nous sommes tous amusants ou que nous n'avons jamais de créanciers? Et les *débiteurs et emprunteurs*, que tant louait Panurge, sont-ils donc morts sans postérité, et aussi ce délicieux M. Dimanche, de Molière? Le fait est que cette invention est la plus ingénieuse du monde. Elle supprime le concierge, ce qui est un inestimable bienfait. Enfin elle fournit, aux dames sédentaires, une économique et continuelle distraction.

Ainsi, madame Merminod ne perdait aucune des allées et venues des promeneurs fréquentant la voie que bordait son immeuble. Elle connaissait leurs habitudes et s'inquiétait des moindres dérangements survenus dans celles-ci. Le café des Rois-Mages n'était pas loin de l'autre côté de la rue. Il était fréquenté par la bonne bourgeoisie et ce lui était un innocent plaisir d'en voir arriver, un à un, vers la cinquième heure du jour, les habitués. Elle connaissait presque tous ceux-ci par leurs noms.

Elle se renseignait discrètement dans le quartier, sur les clients nouveaux. Aussi participait-elle de loin, sans en respirer les tabagies, à cette vie d'estaminet si fort entrée dans les mœurs provinciales du monde entier. Et, au retour, c'était la même chose. Elle devinait, à leur air joyeux, ceux qui avaient gagné au tric-trac et, à leur mine renfrognée, ceux qui avaient pris une culotte au domino. C'était très amusant, surtout pour une pauvre créature dont la jeunesse n'avait pas été précisément très gaie. Feu Merminod (que Dieu ait son âme, c'était à peu près tout ce qu'il avait) n'avait pas été un méchant mari. Ça n'avait même pas été un mari du tout. La nature l'avait si mal doué de son plus précieux don, qu'il aurait pu passer, auprès de sa femme, pour un pur esprit. Rien! rien! rien! Ah! toutes les nuits n'avaient pas été drôles. Car, sous son air honnête et sincèrement dévot de huguenote, la veuve avait caché d'ardentes passions et n'avait pas pris un époux uniquement pour s'entendre lire la Bible. » Fais le bien tous les jours! » dit d'ailleurs ce saint livre, dans la traduction protestante. Merminod ne le faisait même pas une fois l'an! L'épouse honoraire ne s'était pas résignée sans un fort mouvement de mauvaise humeur. Elle avait pleuré le mort tout de même, mais sans conviction et en se disant que, si Dieu était juste comme il a tenté de s'en faire la renommée, il lui devait bien une revanche conjugale. Mais les fiancés de son monde étaient rares, à Bâle, comme partout. C'est les ardeurs de son imagination qu'elle tentait de calmer, en tapissant comme une possédée, tout en suivant de l'œil les faits et gestes des consommateurs du café des Rois-Mages.

— Ah! monsieur de Labadens! fit-elle toute seule, en voyant un grand bel homme s'engager dans le chemin familier. Il est en retard de cinq minutes aujourd'hui.

Or, M. de Labadens, au lieu de gagner le trottoir opposé, celui où était sis l'estaminet, disparut soudain de la rue en obliquant vers le trottoir même de la maison. Son image s'envola du miroir, et, en se penchant sur celui-ci, la veuve dut conclure que c'était devant son huis même qu'il s'était arrêté. Venait-il donc faire une visite dans la maison? Deux locataires seulement en se comptant elle-même. C'était la voisine d'en haut, sans doute, à qui il allait rendre cette visite. Tiens! Elle n'avait jamais ouï dire qu'ils se connussent. Au reste, elle entendrait bien sonner d'en bas, puis monter l'escalier.

Eh bien, pas du tout. Elle n'entendit ni sonnette, ni pas. Sa surprise fut extrême, et, sa curiosité étant poussée à bout, elle jeta le canevas à terre, y laissa rouler les pelotons de laine et ouvrit la fenêtre pour regarder au-dessous. Mais elle la repoussa bien vite, en exhalant un formidable : Ah!

II

Peut-être le moment serait-il venu de vous présenter ce M. de Labadens dont j'ai l'air de faire mon Dieu. Un Dieu, non, mais un héros : un des Cent-Suisses qui, en 1830, avaient tenté de défendre la légitime monarchie contre tout le peuple français. Car j'ai omis de vous dire que l'aventure se passe en 1831, un an après ce politique événement. Le gentilhomme avait regagné son pays, réintégré sa ville natale et était actuellement un des clients les plus froids des Rois-Mages. Il y décrottait les verres de bière comme pas un, mais non sans leur faire une oraison funèbre avec les panaches de fumée qu'exhalait sa haute pipe de porcelaine. Pas tout jeune, mais de conservation rassurante, avec une belle stature et infiniment de virilité douce dans le regard, l'air très militaire et une paire de moustaches où la mousse des chopes accrochait des goémons. Plein de courtoisie auprès des dames, M. de Labadens n'en avait pas moins des habitudes invétérées de célibataire. Très peu mondain, au demeurant.

Aussi ce n'était pas du tout une visite qu'il allait faire en se rapprochant de la porte de la maison où madame veuve Merminod achevait son paysage. Celle-ci avait justement remarqué qu'il était en retard. Aussi n'avait-il pu prendre, en sortant de chez lui, une précaution, cependant bien nécessaire dans une ville où les hydrauliques hôtelleries de M. de Rambuteau sont absolument inconnues. C'était le contraire d'une soif vive qui avait poussé l'ancien soldat vers cette oasis d'ombre pour y faire absolument l'inverse de se désaltérer. Je ne sais si je me fais bien comprendre. C'était un homme prudent qui ne voulait pas arriver à la brasserie avec la vessie encombrée. Il avait cédé à une nécessité, d'une part, et à une précaution, de l'autre. Combien n'ont pas cette double excuse dans la vie!

Méthodiquement, une fois se croyant à l'abri des regards indiscrets, il avait ouvert la boutonnière de gauche du pont de sa culotte, — car vous savez qu'en ce temps-là, les culottes à pont étaient à la mode, — et cette demi-mesure lui avait suffi pour donner cours à son intention et passage à ses moyens d'action. C'est ceux-ci que la veuve avait aperçus, ce qui lui avait fait refermer si vivement la fenêtre, en poussant un Ah! qui tenait peut-être tout autant de l'enthousiasme que de l'indignation. Les révoltes de la pudeur ne sont pas toujours sans charmes. Rien n'est plus doux que d'être scandalisé par un spectacle dont on est innocent.

M. de Labadens avait entendu le mouvement de la croisée, ce qui lui avait coupé net l'inspiration... heureusement, rien de plus! Instinctivement, il avait rentré en lui-même tout ce qui en était sorti, et avait refermé la boutonnière indiscrète. Mais il était demeuré sur son désir et s'était résolu d'attendre un moment pour en poursuivre de nouveau la satisfaction. Le temps psychologique écoulé, il rabattit donc, de nouveau, un des côtés de son pont-levis, mais l'autre, précisément, le droit. Les poètes ont quelquefois de ces fantaisies.

III

Or, dans ce temps cependant fort court, un véritable travail s'était fait dans le cerveau de la veuve. Ayant ramassé sa tapisserie et ses pelotes, elle s'était remise en observation devant le miroir. Elle ne pouvait manquer d'y voir, dans quelques secondes au plus, l'arroseur improvisé, traversant la rue et regagnant enfin le trottoir des Rois-Mages, délivré, plus léger, sa lourde pipe à la main. Je t'en moque, rien ! Alors, qu'avait-il pu devenir ? Ah ! voilà ! il avait pris seulement ce hors-d'œuvre avant le gros du repas. Fi ! Mais non, il avait vraiment une visite à faire dans la maison et ce n'avait été qu'une précaution oratoire un exorde mouillé avant d'entrer en conversation. Toujours rien ! C'était à donner vraiment sa langue au chat. Ah ! madame Merminod n'y tint pas. Elle rejeta encore son ouvrage sur le tapis et rouvrit la croisée, juste à temps pour voir la nouvelle édition de l'ouvrage que M. de Labadens venait de tirer, en changeant de côté la gravure, tout simplement comme nous l'avons dit, et en montrant à droite l'image qui était à gauche auparavant. Pour le coup, sans même refermer la fenêtre, tant son émotion était grande, la veuve se laissa retomber dans son fauteuil en murmurant : Deux !

Elle avait si longtemps conjugué le verbe : « Pas du tout ! » n'était-il pas juste que ce qui manquait aux uns s'en vînt en double aux autres? La loi des compensations le voulait ainsi. Les gens extraordinairement doués le sont toujours au détriment des autres. Nous n'avons d'hommes de génie que parce qu'il y a des imbéciles.

Et tout au caprice enthousiaste de son imagination, elle répétait encore : Deux!

La revanche promise lui apparaissait sous les traits de ce Janus d'un nouveau genre dont le double visage était dans le pantalon. Les fainéants sont bien heureux qu'il se trouve des hommes de courage, prêts à porter, à leur place, l'essentielle pièce de leur armure! Cela était pour feu Merminod dont la mémoire ne brillait pas dans cette comparaison. Le *non bis in idem* ne s'applique nullement à l'histoire naturelle. — Deux! s'exclamait la veuve, — Deux! Et elle s'enfonçait dans de voluptueuses méditations.

Eh bien, mais? Elle n'était pas déplaisante, elle-même, et ne manquait pas de quelque fortune. M. de Labadens était un héros, mais rien de plus. Les militaires ont souvent fait cas des veuves riches.

Le lendemain, quand l'ex-Cent-Suisse passa à l'heure accoutumée, elle lui fit une œillade pleine d'encouragement. Elle se le fit présenter dans le monde et les choses allèrent bon train. Six mois après, ils étaient mari et femme. Très loyal, M. de Labadens ne daigna pas prolonger l'illusion, ce qui lui eût été aisé en couchant, la première nuit de ses noces, avec son pantalon à pont et en renouvelant, dans le lit, le même jeu de boutons que sous la fenêtre. Ce chassé-croisé imaginaire lui paraissant indigne de lui, il aima mieux rappeler par sa conduite le joli vers du fabuliste, qui dit, en parlant des amis :

N'en ayons qu'un, mais qu'il soit bon!

Et mordieu! il fit deux jumeaux à la première passe, ce qui permit à sa nouvelle épouse de murmurer une fois encore : Deux !

GASCONNADE

GASCONNADE

I

— Cré nom de nom ! je l'aurai !

Et mon ami Peyrolade posa son fusil dans un coin.

— Gloriette ! fit-il ensuite, une romaine ! Cette sacrée chasse m'a donné une soif d'enfer.

Gloriette apparut. Une superbe créature de là-bas, avec des cheveux noirs légèrement embroussaillés sur le front, mais naturellement, comme une toison sauvage, avec des yeux d'un bleu sombre fortement frangés comme par les cils, une bouche charnue et rouge comme un gros bigarreau, remarquable encore par une blancheur éclatante de peau, à peine ambrée à la nuque, dans ce qui est visible, au moins, de sa tentante personne. Et c'est tout ? Non pas. Non pas. Nous citerons encore à son actif une gorge sans exagération dans sa fermeté évidente et une croupe non moins ostensiblement ferme, dans sa non moins évidente exagération. De quoi rire, enfin, pour un homme de bien. Il faut pourtant se consoler de la politique. Or, je ne sais rien de mieux pour cela qu'une vaillante créature avenante au déduit. La femme est traitée de « vase d'élection » dans les litanies évangéliques. Palsambleu ! voilà bien l'urne que je choisis pour mes dévotions électorales. Et je voterai aussi souvent qu'on voudra. Mais j'en reviens à Gloriette. Moitié dame, moitié demoiselle, gouvernante d'un vieux garçon ayant mon âge, c'est-à-dire une vingtaine d'années de plus qu'elle. Peyrolade s'imagine qu'il sauve les apparences, et que tout le monde ignore qu'il couche avec elle, parce qu'il lui dit : vous et l'envoie scrupuleusement à la messe. C'est pour sa famille, dit-il, qu'il sauve les apparences. Sa famille, c'est un tas de neveux qui se fichent joliment de lui.

Quand, dans l'orgeat versé avec onction, le rhum eut mis sa coulée d'or fauve — car la romaine que nous buvons à Toulouse se fait ainsi, — Peyrolade trinqua avec moi, huma le liquide et reprit :

— Ce sera toi qui le mangeras.

Et, avec une irritation de chasseur nerveux, il me parla d'un cul-blanc qui se moquait sensiblement de lui, comme s'il eût été aussi son neveu. Le grand jardin de Peyrolade, sis au faubourg Saint-Cyprien, descend, en effet, presque jusqu'à la Garonne et les oiseaux aquatiques en viennent effleurer quelquefois les maigres saules, tandis que, dans l'intérieur des parterres, les becs-fins, fauvettes, rouges-gorges, mûriers, s'acharnent aux figues effondrées. Mon ami, qui tient beaucoup à ses figues, avait voué une haine épouvantable à tous ces innocents animaux et les mitraillait, à petit plomb, avec délices. C'est tandis qu'il se livrait à cette occupation, que le cul-blanc lui avait passé deux ou trois fois devant le nez, pareil à une petite pelote de neige lancée en zig-zag sur son chemin. Et il ajouta :

— Ce sera pour ton dîner. C'est la nourriture délicate qu'il faut à ton estomac délabré par la nourriture parisienne. Ah ! pauvre ! que tu as tort de ne pas rester au pays comme moi ! Tu aurais vécu vingt ans de plus.

Disant cela, il me regardait avec une compassion qui m'inquiéta. Avais-je donc l'air d'un moribond ? C'est une des marottes de Peyrolade d'ailleurs de me faire toujours sentir que je n'irai pas loin. Ça lui rend plus douce, à lui-même, l'idée de vieillir infiniment.

II

J'étais rentré, en le remerciant, sur ces bonnes paroles. Je connais mes compatriotes. Ils promettent volontiers pour dire des choses aimables. Je commandai donc mon dîner comme si rien du dehors ne devait en compléter le menu. Aussi ma surprise fut-elle grande de voir, vers cinq heures, arriver Gloriette, un petit paquet à la main. Dans ce petit paquet d'où sortait un peu de plumes sanglantes, était l'oiseau que Peyrolade avait fini par fusiller méchamment, comme il s'y était solennellement engagé.

— Ah! Gloriette! fis-je. Posez où vous voudrez ce gibier et venez que nous causions ensemble.

Car l'idée de faire cocu mon meilleur ami Peyrolade, était de celles que je caressais depuis le plus de temps. Mais, au fait, doit-on, peut-on plutôt dire d'un célibataire trompé par sa maîtresse qu'il est cocu? Ce titre nobiliaire, indélébile, immortel survivant des noblesses abolies, n'est-il pas inhérent à la noble profession du mariage ? Et y a-t-il de faux cocuages, justement méprisés, comme il y a de faux ménages justement mésestimés! Peyrolade avait-il l'étoffe sociale suffisante pour cette investiture solennelle ? Toutes ces graves questions de haute morale ne m'assaillirent nullement. Ce n'était pas son déshonneur que je voulais, mais simplement les faveurs de Gloriette. Le sage sait modérer ses désirs.

Elle ne dit pas non et se laissa doucement attirer jusqu'au lit auquel je m'étais stratégiquement adossé, en ouvrant les bras vers elle. Comme par hasard, les draps baillaient, s'ouvrant sur un double sillon de blancheurs. Comment le corset de Gloriette fut vivement dégrafé, sous la feinte résistance de ses jolis doigts s'accrochant aux miens; comment sa jupe, que soutenait mal la nonchalance de ses mains, tomba ensuite sur mes pieds, les siens étant enfermés entre les miens dans une très douce étreinte; comment je détachai furtivement ses jarretières, tirant ensuite les bas, jusqu'au dessous de sa cheville, dont un dernier effort fit tomber les brodequins, et comment, durant tout cela, mes genoux pressaient délicieusement les siens, la retenant prisonnière, tandis que je baisais ses cheveux, à leur odorant retroussis et que son souffle me mettait des frissons sur la poitrine, c'est ce que vos propres souvenirs vous apprendront mieux que moi. Jamais déshabillé ne me fut plus agréable. Un air chaud venait du dehors et c'était une poussière d'or que tamisaient les rideaux de la croisée, s'ouvrant seulement sur une échancrure d'azur sombre comme en a seul notre ciel toulousain.

Quand, dans leur vol éperdu à travers l'espace nocturne, les âmes de ceux qui furent des amants soulèvent, du vent de leur aile, le voile de nuées qui cachait la lune à leurs extases posthumes, et que celle-ci leur apparaît dans son ampleur argentée, doucement lumineuse et phœbéenne à réveiller le sommeil d'Endymion, l'émotion de ces purs esprits, en qui renaît le frisson des sens, doit être considé-

7.

rable. J'ose affirmer néanmoins que la mienne fut au moins égale, quand, de sa chemise envolée, se dégagea la lune héroïque de Gloriette, montagne de neige crevant les ombres accumulées par l'orage, jardin de lys miraculeusement monté de la terre charmée.

Ce fut une heure délicieuse et qui aurait dû remplir une éternité. Rien n'en troubla la sérénité silencieuse, si ce n'est la fuite d'un chat ayant volé, sur la fenêtre, la chasse du malheureux Peyrolade.

III

— Eh bien, était-ce bon ? me dit celui-ci, quand nous nous retrouvâmes, vers deux heures, au café Albrighi, sur la terrasse où se donnent rendez-vous tous les jeunes harpistes de l'Italie, ce qui en fait un des endroits les plus mélodieux du monde.

— Excellent, lui répondis-je avec une conviction qui lui plut.

— Et comment l'as-tu mangé ? Rôti sur une hostie de pain grillé ?

— Oh non.

— Alors, avec une larme de citron dans un fin roux à l'huile d'olive ?

— Non.

— Gourmand ! Dans un coulis de jambon ?

— Pas davantage.

Peyrolade, qui avait des prétentions en cuisine, devint pensif.

— Je donne, fit-il, ma langue au chat.

— Tiens ! comme moi ! lui répondis-je machinalement.

— Tu ne veux pas me dire comment tu l'as mangé ?

— Si, puisque tu y tiens.

— Eh bien ?

— Au lit.

Dans un élan de tendresse inquiète, Peyrolade me prit la main.

— Ah ! pauvre ! encore obligé de te coucher tantôt ! que je te plains !

— Tu as tort !

— Quel courage !

Et se penchant vers le capitaine Roubichon qui faisait un cent de piquet, je l'entendis lui dire, avec une satisfaction d'apprenti centenaire : En voilà un qui ne fera pas de vieux os !

LES REPRÉSAILLES

LES REPRÉSAILLES

I

Après avoir mis à mal cinquante pucelles de grandes maisons et onze cents taureaux sans en recevoir d'autre inconvénient, qu'au derrière un coup de corne dont le trou n'avait pas fait d'ailleurs double emploi, le célèbre spada Cascamillo (Autodafé, Pipi, Sanchez) jouissait d'une de ces fortunes qu'acquièrent seuls, en Espagne, les émules de Frascuelo. Bien conservé, encore recherché des femmes, pour sa tournure impertinente encore, et aussi en vertu de cet attrait mystérieux du sang versé qui livre aux garçons bouchers les primeurs amoureuses des plus belles filles de Montmartre, Cascamillo possédait, dans les environs d'Hernani, une villa magnifique où volontiers il exerçait une fastueuse hospitalité. On y mangeait, en leur saison, les meilleures tomates de toute la contrée.

C'est instruit de ces magnificences, que mon ami Adhémar Vésinet, faisant un tour *tra los montes* avait exprimé à ses amis et cicerones Pedro Rigolar et José Mançanarès, qu'il avait ramenés, avec lui, de Paris, le désir d'être reçu par le célèbre toréador qui était de leurs familiers. Pedro Rigolar et José Mançanarès avaient accepté la présentation avec d'autant plus d'enthousiasme qu'ils adoraient les tomates. Et puis mon ami Adhémar Vésinet n'était pas seul. Il avait emmené sa bonne amie, mademoiselle Irma Pigevent, qui, plus encore, brûlait du désir de connaître le célèbre tueur de bêtes, et le moindre désir des femmes est quelque chose de sacré pour de vrais hidalgos. Charmante, d'ailleurs, cette Irma Pigevent, une de ces petites filles d'Athènes qui naissent boulevard de Clichy pour les délices des Phidias et des Apollons contemporains.

Cascamillo reçut princièrement les invités. Il leur offrit au déjeuner des tomates qu'ils prirent pour des potirons. Puis on fit un tour dans les jardins, et Adhémar Vésinet y dépensa cet esprit fantaisiste qui en fait un compagnon recherché partout, improvisant des farces, disant des calembredaines, proposant des rébus qu'il dessinait sur le sable, pétulant, inattendu, absolument soucieux de faire rire, et y arrivant par cent moyens. Car c'est une vanité exquise — la seule de cet aimable garçon — de chercher à amuser le monde à toutes forces. Il y en a tant qui se chargent de l'ennuyer qu'on ne saurait lui en vouloir.

II

Au retour dans la maison, Cascamillo proposa une visite à la garde-robe. La coquetterie est un des péchés mignons des toreros. On ne peut s'en étonner chez des gens qui portent des chignons et font des effets de collants dans la rue ; et puis cela ne fait de mal à personne. La richesse de leurs costumes de combat est leur plus grand orgueil. N'est-ce pas par là qu'ils séduisent les femmes ! Les costumes de Cascamillo étaient admirables. Un surtout qu'il ne mettait qu'aux grands jours, d'un bleu tendre avec un ruissellement d'or fin, un vrai corsage de guêpe rayé par une ceinture du plus beau satin. Adhémar Vésinet tomba en extase véhémente devant cette veste rayonnante comme un ostensoir. Il ne put retenir l'expression de son enthousiasme, si bien que Cascamillo, en Espagnol bien appris, s'empressa de lui dire dans sa langue naturelle :

— Senor, faites-moi le plaisir de l'accepter.

Or, ceci est simplement une formule de courtoisie ibérique à laquelle on doit incontinent répondre par un refus plein de reconnaissance, sous peine de passer pour un malotru. Vous diriez à un gentilhomme andalou que vous lui trouvez une jolie tête qu'il ne manquerait pas de vous inviter à l'emporter chez vous. Mais si vous faisiez mine de vouloir la couper pour la mettre sous votre bras, il se fâcherait tout rouge. La tête n'est pas précisément ce qu'il y a de plus précieux chez le toréador. Avec raison, tient-il plus encore à ses coûteuses nippes. Mais l'imprudent Adhémar avait-il déjà décroché la superbe défroque pour l'envelopper. Si bien que, furieux au fond de son inconvenance, Cascamillo ne put toutefois revenir sur son offre. Avec une grimace qui n'échappa ni à Pedro ni à José, avec un sourire dont l'amertume eût épouvanté un observateur, il remercia notre compatriote de lui avoir permis de lui faire ce plaisir. Vésinet lui serra les mains avec effusion et le pria de lui compléter le costume par le don du chapeau qui en faisait partie. Le toréador s'exécuta avec la bonne grâce d'un ours dont on déchire le nez avec l'anneau qui y est passé. Mais notre compatriote ne s'en aperçut pas seulement et redoubla ses actions de grâce. Pedro et José jugèrent, en dedans, qu'il avait passé la mesure et que Cascamillo se vengerait certainement. Comme ils étaient, avant tout, de leur pays, ils se promirent toujours, *in petto*, de l'y aider en contribuant à berner le pauvre Vésinet. Ainsi faut-il toujours se méfier de l'amitié expansive des étrangers, surtout quand on est chez eux.

III

Ils purent bientôt démêler quelle serait la nature des représailles. Cascamillo était devenu, tout à coup, d'un empressement infini auprès de la délicieuse Irma qui paraissait, d'ailleurs, sous le charme de cette cour si flatteuse pour une demoiselle de la place Blanche. Cette Chimène d'un nouveau Cid n'avait aucune des austérités passionnées de sa devancière. Elle allait bon jeu bon argent au devant du déshonneur qui lui était évidemment proposé. Elle se ruait en pleine faiblesse et encourageait même l'assaillant de sa vertu par des coups d'œil en dessous et des sourires à la dérobée que, seul, Vésinet ne surprenait pas. Il avait bien autre chose à faire ! Déjà deux fois, en feignant d'avoir été incommodé par les tomates, il avait disparu pour s'aller regarder sournoisement dans une glace avec la fameuse veste sur le dos et le fameux chapeau sur la tête. Il se faisait peur à lui-même, une épée nue à la main, et se disait que s'il était taureau il n'en mènerait pas large devant sa propre image. Ensuite il agitait la cape rouge devant une chaise et se mettait à genoux devant elle, attendant qu'elle lui voulût donner un coup de dossier, pour l'esquiver par un heureux mouvement. Il poussa le simulacre tauromachique jusqu'à planter des banderilles au coup d'une tête de taureau empaillée que Cascamillo avait attachée comme trophée dans son cabinet de toilette.

Et, durant qu'il se livrait à ces délassements sanguinaires, Cascamillo pressait de plus près sa conquête et obtenait un rendez-vous pour l'heure où le soleil serait couché. Il s'agissait, cette fois, d'un combat sérieux et dans lequel il était bien décidé d'aller jusqu'à la mort du taureau. Je ne sais pas si je me fais bien comprendre? J'ajouterai cependant que je n'ai jamais vu un matador tuer un taureau d'un seul coup, mais qu'ils m'ont toujours paru prendre un plaisir cruel à recommencer plusieurs fois.

L'heure du dîner sonna sur ces entrefaites. Un dîner magnifique, comme le déjeuner, avec des tomates plus grosses encore, et un nouveau convive, le jeune Pépé Roustono, élève de Cascamillo, espoir de la tauromachie à venir, bébête comme une oie, mais plein de dispositions pour son métier et doué d'un appétit! On l'invitait rien que pour avoir le plaisir de le voir mettre à sac les plats et à néant les bouteilles. Bien entendu, la bonne amie de Vésinet fut placée à la droite du grand Cascamillo. Pépé Roustono à la droite de celle-ci, de l'autre côté, de façon que l'amant légitime fût le plus éloigné du monde, entre Pedro Rigolar et José Mançanarès spécialement chargés de lui donner des distractions. Pas difficile à distraire, d'ailleurs, Vésinet. Il suffit de le laisser parler bien à son aise, en riant aux larmes de ses calembredaines. En voilà un qui ne sait pas si tout le monde a plus d'esprit que Voltaire, mais qui se croit joliment plus d'esprit que tout le monde! On arriva ainsi au dessert, sans que ce pauvre diable se fût aperçu de rien, et, à la dernière grappe de muscat, le soleil s'était couché.

Vous n'avez pas été touché, comme moi, de l'extrême pudeur de cet astre qui disparaît régulièrement à l'heure où les hommes vont commencer à faire des cochonneries ?

IV

— Il faudrait faire une bonne face à tout le monde ! dirent tout bas, à Vésinet, les perfides Pedro et José.

Et sur cette aimable proposition, ils l'emmenèrent sans difficulté.

Cascamillo et Irma ne perdirent pas une minute et le taureau fut mis à mort une première fois, après quelques passes brillantes. Après quoi une nouvelle course fut immédiatement commencée, plus sérieuse encore.

Durant ce temps, Vésinet, qui avait trouvé son idée, était remonté au cabinet de toilette du toréador, avait enlevé du mur la tête empaillée que vous savez et avait installé sa propre tête entre les deux immenses cornes, de façon qu'un visage de taureau apparaissait à la place du sien. Pour compléter l'illusion, et donner aussi plus de temps aux amoureux, José et Pedro s'étaient déguisés en picadores et devaient accompagner le faux taureau dans son invasion à travers les appartements en feignant de le labourer de coups de lance. Aussi c'était complet, et ils crevaient de rire, sous leurs grands chapeaux à voir Vésinet s'étant coiffé lui-même de l'attribut qui lui convenait si bien.

Le quatrième taureau expirait, après un combat plus lent que celui des autres, et quand le cortège entra, comme la foudre, dans le salon où Cascamillo et Irma achevaient cette dernière course. En apercevant Vésinet, tous deux faillirent se faire éclater la rate, tant fut grande leur hilarité. Mais un accident terrible faillit arriver. Ce damné Pépé Roustono, qu'ils avaient laissé endormi dans la salle à manger, et que le vacarme réveilla, accourut comme un fou. Et encore un peu gris des libations mal cuvées, ne prit-il pas, au premier instant, Vésinet pour un vrai taureau et ne se rua-t-il pas sur lui, un couteau à fromage, dont il était armé, à la main ! On eut toutes les peines du monde à l'empêcher de planter cette arme dans la nuque du malheureux farceur. Vésinet essayait très sérieusement de se défendre avec ses cornes. Ce fut un homérique combat qui se termina par un toast général à la santé d'Irma Pigevent.

Mais, depuis ce temps-là, Cascamillo (Autodafé, Pipi, Sanchez) évite de montrer ses beaux habits aux touristes français. Et franchement, pour le prix auquel il les montre, ceux-ci n'ont qu'à s'en féliciter.

PAYSAGE

PAYSAGE

A Emile Sarrau.

I

En rentrant à Tarascon, après une longue promenade au bord de l'Ariège — car c'est sur cette exquise rivière qu'est posé mon Tarascon, à moi, mon vieil ami Rotenfluth m'avait dit, la veille :

— Puisque tu as envie de pêcher la truite et que tu ne sais pas, je mettrai, demain, à ta disposition, le plus habile homme du pays en ce genre de capture et qui ne demandera pas mieux que de te donner une leçon. Calestroupat — c'est son nom — est un garçon jeune encore, assez taciturne et qui ne te charmera pas par sa conversation, mais c'est un gaillard d'action et très rusé, comme il convient pour s'emparer d'une proie fort ingénieuse, elle-même, à se défendre. Car la truite n'est pas comme tes imbéciles de goujons parisiens qui mordent à l'aventure. Il la faut vraiment surprendre et tromper. Elle a, pour la friture à l'huile, la seule dans laquelle on la prépare ici, une horreur inconcevable. Mais, si tu interroges demain habilement Calestroupat et si tu arrives à le faire parler, il t'instruira mieux que moi sur les mœurs de ce comestible savoureux et récalcitrant. Es-tu homme à te lever au petit jour?

— C'est moi qui réveille mon coq, tous les matins, en lui chatouillant les plumes de la queue.

— A la bonne heure. Et rapporte un joli butin pour le déjeuner.

Et l'excellent Rotenfluth monta se coucher, en poussant selon son habitude, dans le sonore escalier de bois, quatre ou cinq pétarades qui le firent pouffer comme une vieille poule. Car on a le mot pour rire comme à Tarascon.

Je passai une nuit adorable, longtemps sans m'endormir et la fenêtre grande ouverte sur un ciel criblé d'étoiles, semblant lui-même un large fleuve bleu sur lequel scintillaient des pierreries, un océan dont les perles d'argent seraient montées à la surface, tourbillonnantes et étincelantes. Puis je m'étais enfin endormi, caressé par un rêve de pêche miraculeuse, un grand Christ très doux et vêtu d'une longue robe blanche ayant fait un miracle exprès pour moi. Des milliers de truites, presque bleues avec une rougeole dans les écailles fines, sautaient et se détendaient comme des arcs sur l'herbe mouillée, avec une bonne odeur humide et éclaboussant les petites fleurs, crocus à peine violets, anémones sauvages, menthes et digitales éparses dans le gazon. Il paraît que mon grand-père avait été un prodigieux preneur de truites et n'en manquait pas une au fusil et, le Christ ayant disparu de ma vision, je me trouvai, toujours en rêve, auprès du cher vieillard, encore droit comme un chêne, en ses vieux ans, qui me bénissait, et m'appelait sa race et était tout fier d'avoir un tel héritier de son sang et de son talent.

Une buée de poussière blanche palpitait à peine au bord des rideaux quand je sautai à bas du lit et me préparai à descendre pour attendre mon professeur. Mais celui-ci n'était pas seul. Après s'être nommé, Calestroupat me demanda la permission de me présenter et d'emmener avec nous son ami Lagarrigue qui, grâce à ses leçons, commençait à s'y entendre un peu aussi. Ce Lagarrigue était un petit gros, très jovial, qui tout d'abord me plut infiniment, tout rond, tout farceur, tout bon enfant, tandis que, comme me l'avait annoncé d'ailleurs mon vieil ami Rotenfluth, son éducateur Calestroupat semblait un constipé de paroles, un prétentieux et un sournois. Très gaiement Lagarrigue portait les lignes sur l'épaule et, de sa main libre, un panier dont l'osier était fendu sur le couvercle, une façon de gibecière, cependant qu'une bandoulière lui retenait sur les reins une boîte à amorces en fer battu odieusement peint de vert. En cette saison, ce n'est plus à la mouche que mord la truite, à la mouche qu'un crin volant fait courir sur l'eau, mais bien au petit ver blanc dont je tais le nom pour les dames et pour Grosclaude qui, en sa vertu de preneur de brochets, affecte de mépriser tout autre appât que l'ablette vivante. Et nous nous mîmes en route, Lagarrigue sifflant comme un merle, Calestroupat pensif comme un Napoléon d'estampe, et moi impatient d'amener au bord ma première victime.

II

Le spectacle était si vraiment admirable du jour se levant dans le grandiose paysage pyrénéen que je faillis renoncer à la pêche pour me perdre en contemplation véhémente et poétique devant ces harmonieuses merveilles. Les hautes montagnes étaient, au sommet, d'un bleu tendre, léchées par des vapeurs légères, comme un long et énorme tison qui fumerait dans l'âtre. De petits nuages très bas couraient à leurs flancs, presque transparents comme une haleine de cigarettes. Elles s'étendaient, au loin, semblant s'escalader l'une l'autre, comme dans les troupeaux de vaches que tourmente le rut d'un taureau tendant sur l'une, puis sur l'autre, sa noueuse échine. On eût dit vraiment des bêtes vivantes dans le grand pâturage du ciel. Encore eût-on pu les prendre pour une mer sombre, secouée seulement dans ses profondeurs, et dont les vagues s'arrondissent sans déferler, lourdes, massives et pleines d'ombre. J'ai toujours pensé que les montagnes étaient les flots d'un océan ancien que le caprice d'un Dieu avait figées et immobilisées à jamais.

Au pied de cette barricade aux étages inégaux, la petite rivière coulait, grossie, çà et là, par le filet d'eau rapide des gaves semblant des veines ouvertes au flanc du granit, tortueux et pleins d'écume, s'élargissant et s'écrasant sur les pierres mouillées dans un éparpillement fou de gouttelettes irisées. L'Ariège — un ruban déchiré en maints endroits, la ceinture d'une vierge qui l'a longtemps défendue, la longue paillette de clinquant tombée du corsage d'une Colombine céleste, — l'Ariège, dont l'eau n'est pas assez profonde pour qu'y descende l'image du ciel, opaque cependant et d'un vert sombre dans les rares oasis d'onde tranquille que ne trouble pas la flèche tourbillonnante des remous.

Et, au-dessus de tout cela, un ciel presque automnal déjà et du ton des turquoises pâles, laiteux aux confins, plus étincelant au zénith, irradié déjà par le lever, derrière les montagnes, d'un soleil encore invisible, nimbant d'or et de pourpre exsangue le front des montagnes et faisant pressentir la poussée d'un jardin de roses en plein firmament.

O ferventes adorations de ma jeunesse qui m'agenouilliez devant l'éternelle majesté des choses, panthéisme attendri et profond qui me rendait respectueux même de l'insecte et du brin d'herbe, dernières superstitions d'une âme certainement contemporaine des siècles de foi, je vous sentis encore dans ma poitrine haletante, tandis que des vers me venaient sur les lèvres et des larmes dans les yeux. Je me sentais comme au bord du berceau où avaient été bercés ceux dont je porte le nom, hôtes tranquilles de cette admirable vallée qui, si doucement, avec des gazons plus épais et plus doux, s'est refermée sur leur tombe.

III

— Restez ici avec Lagarrigue, me dit Calestroupat, après avoir choisi un bout de rive bordant une façon de lac calme que ceinturait, au pied d'une cascade naturelle et peu élevée, un cercle argenté de remous. Vous pêcherez là tout à votre aise. Lagarrigue en sait assez pour vous enseigner. Moi, j'ai aperçu, en chemin, plusieurs truites superbes, mais difficiles à prendre, et que vous effaroucheriez certainement en m'accompagnant.

Et, la ligne en arrêt, Calestroupat disparut bientôt derrière les roches dont le chemin tortueux était fortifié, me semblant reprendre la route de Tarascon.

Ce tant benoît Lagarrigue, dont je vous ai décrit l'avenante figure, voulut charger lui-même mon hameçon ; puis il se mit en posture devant moi, me disant de l'imiter en toutes choses. Comme lui, je m'installai donc à quatre mètres au moins de l'eau, je jetai ma ligne et je mis un genou en terre pour être moins haut. Car il ne faut pas que la truite puisse voir le pêcheur dans cette eau si claire. Il paraît que ces bêtes ont, sur notre espèce et sur nos coutumes, des notions d'histoire naturelle suffisantes pour savoir que nous appétons leurs reins savoureux, après un tour de poêle. Elles ne déjeunent donc pas tranquilles quand elles nous aperçoivent. Cette embûche préparatoire est d'un exercice fatigant. Mais bah! je me sentis du courage quand, au bout de cinq minutes, Lagarrigue amena une première proie qu'il glissa dans le trou du panier d'où montaient quelques brins d'herbe fraîche. Cinq minutes encore, et deux truites purent causer dans cette prison que secouaient leurs soubresauts. Et ainsi avec une régularité chronométrique. Ses victimes n'étaient pas, il est vrai, bien grosses; quelquefois n'était-ce même pas des truites, mais seulement des amaranthes presque pareilles aux épinoches de nos rivières du Nord, effilées avec une armure d'un bleu sombre et luisant comme de l'acier.

Moi je faisais, pendant ce temps-là, maladresse sur maladresse, en vrai pêcheur de perches que je suis. Ah! dame : ça n'est pas la même chose. Vous pouvez laisser le perche mordre une demi-heure. Elle digère l'hameçon pendant ce temps-là et vous le lui retrouvez planté à l'autre bouche, celle qui est sous la queue. Voilà tout. Quand elle a avalé, elle est prise. Mais la truite, ce n'est pas cela. Il faut ferrer à temps, au moment psychologique, avant qu'un premier embarras de déglutition l'ait prévenue du danger. C'est un tour de main à attraper, je ne l'avais pas. Je pêchai successivement un saule, un grand pied de chardon aux fleurs déjà en flocons de neige, puis moi-même qui dus dégager longuement le minuscule harpon de ma culotte avec la pointe d'un couteau. Heureusement que je porte des pantalons flottants. Car à ne vous point mentir, c'était à un endroit où il m'eût été désagréable essentiellement de découdre ma propre peau pour me délivrer.

Et Lagarrigue prenait, prenait toujours. C'était agité comme une réunion électorale, dans son panier. On eût dit un scrutin de ballottage.

Cependant le soleil avait escaladé les monts, par derrière, et les foudres tranquilles dont son front est couronné dardaient, en tous sens, leurs longues flèches d'or. On eût dit le moyeu et les rayons d'une immense roue tournant invisiblement dans les profondeurs de l'azur. La roue du moulin, sans doute, de ce grand mûrisseur de blé, de ce meunier céleste qui, depuis l'origine des âges, jette à notre faim les nourricières blancheurs de la farine sacrée.

— Il fait bigrement chaud, me dit Lagarrigue. Je me sens cuire comme un œuf, dans mon haut-de-chausse. C'est à donner envie d'y planter une mouillette, avant qu'il soit dur. Voyez-vous d'ici, Armand, mon derrière à la coque? hein! quel coquetier. Il n'y a que ma femme pour qui il en faudrait un plus grand.

J'aimais la gaieté de bon goût de ce truand.

— Ah! mais, nom de Dieu, reprit-il, est-ce que Calestroupat ne va pas revenir? Ça mord sans doute joliment, là-bas, qu'il n'est pas plus pressé de nous rejoindre.

Entre deux hautes pierres, comme un melon entre les dents d'une fourche, Calestroupat apparut.

— Eh bien ! lui demandai-je, combien ?

— Néant, me répondit-il avec une parfaite résignation.

— Vous voulez rire ?

— Regardez plutôt. J'ai la blouse et les mains vides.

— Ça n'a pas mordu ?

— Oh ! si ! J'ai eu cinq touches, et fameuses.

— Pauvre Calestroupat ! s'écria joyeusement Lagarrigue, en ouvrant triomphalement son panier. Regarde.

Calestroupat regarda et haussa les épaules sans rien dire.

Alors Lagarrigue lui reprocha sa jalousie et se mit à le railler sans méchanceté, mais avec cruauté cependant, sans délicatesse et de façon à me gêner moi-même.

Calestroupat ne bronchait pas. Il marchait devant.

Je le rejoignis, cherchant dans mon cœur, plus encore que dans mon esprit, une consolante parole. Je m'adressai même si peu à mon esprit, que tout ce que je trouvai à lui dire, c'est :

— En vérité, monsieur Calestroupat, il est bien fâcheux que vous n'ayez rien pris.

Il murmura d'un ton goguenard :

— Oh ! Rien ! Rien !

— Mais encore ?

— Dame, si vous appelez : Rien, le derrière de madame Lagarrigue, c'est que vous ne l'avez jamais vu.

LE VOLCAN VIVANT

LE VOLCAN VIVANT

I

— Quand de la cime marmoréenne du Fousi-Yama, et sur un ciel rose comme s'il y neigeait des fleurs d'amandier, monte la fumée grise d'un nuage, nous disait mon vieux camarade le capitaine Pigevesse, retour de Yeddo, tout le Japon tremble qu'un volcan ne s'allume et prend, pour des laves ardentes, les coulées de pourpre que met, au flanc de la montagne sacrée, l'éternel incendie du soleil levant.

— La vie familière peut produire des phénomènes semblables et également inquiétants, ajouta le major Cucuron qui avait fait le même voyage, et, n'était mon respect pour les dames qui nous peuvent écouter, tout en grignotant des sorbets, je vous dirais, à ce sujet, une plaisante aventure et qui eut pour décor le même pays.

Nous assurâmes le vertueux Cucuron que ces dames, au cas où elles l'entendraient sans en avoir l'air, aimaient à rire autant que nous. Ce lui fut un encouragement à commencer son récit et je ne suis plus vraiment que son sténographe dans ce que vous allez lire. J'ajouterai que le major est un homme incapable de mentir, ce qui l'a également empêché de réussir auprès des femmes et dans sa carrière. Mais ses camarades l'aimaient beaucoup parce qu'il ne les a gênés en rien dans leur propre avancement. Ceux même qui lui ont sensiblement passé sur le dos sont les premiers à se montrer révoltés des passe-droits qui lui ont été faits, grâce à son absence complète d'esprit d'intrigue. Doué d'un physique agréable et adorant *in petto* le sexe, Cucuron n'est jamais parvenu à faire un cocu, parce que ce Saint-Jean-Bouche-d'or, capable d'un accès de franchise irréfléchi, n'inspire aucune confiance aux épouses adultères. Maintenant vous le connaissez comme je le connais et vous pouvez être assurés de l'authenticité parfaite de tout ce qui suit.

II

— C'était, nous dit-il, à Kohi où une colonie américaine importante s'est installée depuis quelques années et donne l'exemple de la plus moderne civilisation. Toutes les hypocrisies du protestantisme et de la fausse vertu y sont représentées : un monde plein de révérends et de flirteuses où les propos bibliques se croisent avec les propos d'amour et où les dots des jeunes filles se calculent entre deux tasses de thé, société où il me déplairait infiniment de vivre mais qui ne s'en croit pas moins la première du monde parce que le kant y est la suprême morale. Les misses blondes comme les blés et les mistress aux longues dents, qui y représentent l'éternel féminin, n'y sont pas pour consoler l'âme de quelque Des Grieux ayant perdu Manon ; mais elles font, dans un salon, un effet vraiment décoratif d'épaules blanches jaillissant d'irréprochables toilettes.

Or, ce soir-là, la présidente même de cette petite République d'exilés opulents et volontaires, milady Ophélie Alésiford, avait réuni l'élite de cette compagnie *select*, la fine fleur du high-life perdu dans ce coin parfumé de l'Extrême-Orient. A toutes les distractions d'usage, valses lentement bostonnées, romances miaulées par des demoiselles, whists occultes sous les abat-jours d'un vert tendre, jeux innocents où l'on déchire des petits papiers, elle avait voulu ajouter une *great attraction* et avait fait venir de Hakodaté le plus célèbre prestidigitateur indigène, le fameux Ki-ka-pé-té, le Robert Houdin du pays des exquises porcelaines.

Celui-ci, instamment prié de demeurer dans la couleur locale, arriva vêtu du *kémono* national, un vêtement qu'il importe avant tout de décrire. Le *kémono* est une façon de manteau, ou mieux de peignoir, car il se pose à nu sur la peau, — ordinairement bariolé d'oiseaux monstrueux et de fleurs étranges, de poissons bizarres et de maisons en bambou, qui se croise sur la poitrine et qu'une ceinture retient à la taille. Entre le kémono et l'épiderme de celui qui le porte se trouve une mince ficelle s'enroulant autour du corps et qui est, en même temps, un objet de superstition locale. Car ce brin de chanvre passe pour préserver de tous les maux y compris le cocuage, et tout bon Japonais ne manque jamais de se faire enterrer avec lui. En effet, ce peuple sage sait bien qu'il est plus aisé d'éviter les ennuis de toute sorte dans le monde à venir que dans celui-ci. Tels les Egyptiens se faisaient accompagner de leurs chats favoris dans la tombe, usage que beaucoup de dames de ce temps ont d'ailleurs conservé. Ki-ka-pé-té fit une entrée pleine de tenue et qui fit augurer heureusement du succès de bon goût qu'il ne saurait manquer d'obtenir devant un public fait pour bien inspirer son imagination féconde.

III

Mais il arriva que la plupart des tours par lesquels il commença étaient un peu connus de tout le monde. Nul ne se passionna pour les jolis papillons en papier qu'il faisait voleter avec le souffle de son éventail; froidement, on le vit ensuite faire rouler, avec un vague grondement de toupie, un dollar sur un large parasol qu'il orientait dans toutes les positions; sans exciter le moindre enthousiasme, il promena, sans en laisser choir un seul, des œufs sur le tranchant d'un sabre qu'il faisait tourner autour de lui; encore, et sans réveiller l'attention davantage, éleva-t-il une façon de tour Eiffel en verres savamment équilibrés. Sournoisement, quelques joueurs de whist avaient regagné leur table; l'âme d'une valse inachevée renaissait sur les touches d'un clavecin lointain; les demoiselles esquissaient, dans leur jolie gorge, le miaulement qu'on leur demanderait bientôt sans doute. Enfin, pour être franc, tout en reconnaissant que la petite fête était charmante et que milady Alésiford avait fort bien fait les choses, on s'ennuyait cordialement. Toutes les mâchoires se décrochaient une à une; les amateurs de flirtation avaient des inquiétudes dans les jambes. Ki-ka-pé-té, qu'on applaudissait par politesse, ne s'apercevait nullement de cet effet désastreux de son talent. Vaniteux comme tous les artistes (les chanteurs excepté qui sont généralement modestes), il était convaincu que jamais il n'avait fait autant de plaisir. C'est donc presque sur le ton de l'excuse et du regret qu'il annonça le dernier tour par lequel il terminerait la séance.

Tel un cheval lassé redouble d'allure et retrouve des jambes quand l'écurie approche, tel le public *select* réuni par milady Alésiford, retrouva un peu d'attention pour subir cette dernière épreuve. Avec une curiosité courtoise jusqu'à l'affectation, il regarda donc Ki-ka-pé-té allumer gravement, après l'avoir bourrée de tabac, une pipe neuve des manufactures de M. Gambier, puis, les mains croisées derrière le dos, aspirer lentement des bouffées qu'il rejetait ensuite en l'air, sous la forme de spirales d'azur transparent aux plis les plus capricieux. Mais voici où commença l'intérêt de l'expérience.

Peu à peu ne vit-on pas le tuyau de la pipe se raccourcir. Bientôt ce ne fut plus que le classique brûle-gueule. Le fourneau lui collait aux lèvres et les devait brûler, quand l'escamoteur ouvrit complètement la bouche, happa le tout, et fit descendre au fond de son gosier le petit rond de terre blanche dont une lumière rouge éclairait le dedans, si bien que ses joues avaient des transparences rosées de lanterne, cependant que montait toujours de ce foyer une fumée devenue grise.

Un mouvement de déglutition, une convulsion du larynx, et la pipe tout entière est complètement avalée, comme le prouve la bouche grande ouverte de l'aspirateur qui montre au public qu'elle est parfaitement vide.

Mais ce ne fut pas tout, et ici survient un phénomène bizarre, très inexplicable, sans doute, physiologiquement. Le Japonais faisant haleter son estomac comme le soufflet d'une forge a l'air d'aspirer intérieurement et rejette, à chaque expiration, un torrent de fumée bleuâtre. Quoique engloutie dans l'œsophage, la pipe brûlait encore,

> Comme ces feux opiniâtres
> Qui s'irritent au fond des eaux,

pour citer deux jolis vers d'Emile Deschamps. Progressivement cependant, la quantité de vapeur exhalée diminue; en vain le prestidigitateur redouble d'efforts. Ce n'est plus que de l'air incolore qui lui sort par la bouche.

Un tonnerre d'applaudissements le récompense, en même temps qu'un grand soupir de soulagement gonfle les poitrines, et on se prépare à partir.

Mais, d'un geste plein d'autorité, le magicien fait signe que le tour n'est pas fini et impose, en même temps que le silence, un redoublement d'attention.

IV

Avant qu'on ait eu le temps moral de dire : ouf! Ki-ka-pé-té s'est précipité la tête en bas, et assied, sur ses bras tendus, un nouvel équilibre. Comme une large tulipe aux pétales flottants, son *kémono* s'est retroussé dans ce mouvement brusque et l'escamoteur présente au public son derrière parfaitement nu, tandis que sa tête et ses bras sont enveloppés par les plis gracieusement retombés de la soie. Et de ce nouveau Fousi-Yama, de ce volcan vivant, monte une petite colonne de fumée azurée. La pipe avait descendu encore et s'était retournée elle-même dans cette brusque révolution.

Ce fut un tonnerre de *shokings!* Un indicible embrouillement de mains se ramenant sur les yeux; des jupes déchirées dans la rapidité de la fuite; des Hi! des Ah! et des versets de Bible que les révérends jetaient au plafond.

Le malheureux Ki-ka-pé-té, ne comprenant rien à ce vacarme, croyait que le public s'impatientait parce que la fumée ne sortait pas encore et poussait à se crever.

Deux solides valets le redressèrent sur ses jambes et il fut violemment jeté à la porte, avec son argent toutefois, ce qui le consola un peu. Aujourd'hui encore, il est convaincu que le motif de cette émeute est que son truc a raté. Il donnerait tout au monde pour savoir s'il ne lui est vraiment rien sorti du derrière. Il craint d'être devenu impuissant; il parle de se tuer. — C'est la première fois que ça m'arrive, dit-il à tous ceux de ses confrères à qui il cause professionnellement.

C'est aussi ce que les galantins sur le retour disent quelquefois aux dames, à l'âge où, pour l'homme, comme l'a si bien dit le poète :

> La femme est comme une île escarpée et sans bords,
> On n'y peut plus rentrer quand on en est dehors.

Ici, nous dit Cucuron, se termine l'histoire du volcan vivant.

LE VIN DE L'ARMOIRE

LE VIN DE L'ARMOIRE

I

C'est avec une tristesse hypocrite, sous laquelle perçait une gaieté du plus mauvais goût, que mon ami Saturnin Galipet m'avait annoncé la mort du vieux cousin Clodomir. Ce brave homme — c'est le cousin Clodomir que je veux dire — après avoir été, durant soixante ans, le modèle des parents à héritage, économe, vertueux, thésaurisateur presque à l'excès, avait donné, sur la fin de ses jours, les plus vives inquiétudes aux collatéraux désireux de son bien. N'avait-il pas pris une maîtresse ! Ses relations coupables avec la femme légitime de l'apothicaire Marius n'avaient pas été pour édifier la petite ville et les mauvaises langues ne se gênaient pas pour prédire que cette péronnelle aurait, un jour, toute la fortune du roquentin. Prophétie heureusement déçue. Après avoir paru comme subitement rajeuni par l'amour et témoigné d'une verdeur au-dessus de son âge, comme les chevaux de race qui meurent sous le harnois, le cousin Clodomir s'était affaissé pour ne se relever jamais. Son dernier souffle était parti au bout de cette pétarade de jeunesse. Il n'avait pas survécu à cet été de la Saint-Martin. Mais, avant d'exhaler son âme adultère, il avait constitué, par un testament authentique, mon ami Saturnin son légataire universel et l'avait fait, en particulier, propriétaire après lui de sa grande maison de Saint-Gaudens, justement renommée pour un des plus beaux immeubles du pays.

Et ce sacré Galipet avait été content *in petto*, tout en roulant dans ses yeux de petites larmes de crocodile enfant !

C'était tout simplement son avenir, longtemps compromis par d'innombrables sottises, qui se révélait à lui, sous les plus riantes couleurs. Il allait pouvoir épouser mademoiselle Noémie de la Haultevessière, fille du président de la Haultevessière dont les justiciables du tribunal de première ins_tance de Saint-Gaudens n'ont pas encore oublié la façon courtoise d'octroyer les mois de prison et les menues amendes, un magistrat du vieux régime et qui vous avait une façon aimable de condamner presque appétissante pour le crime. Ces belles manières prétoriales sont perdues aujourd'hui et on vous envoie les criminels à l'échafaud sans seulement une bonne parole !

Donc, en même temps, Saturnin m'annonça le trépas de son bienfaiteur posthume et son prochain mariage avec mademoiselle Noémie ; du même coup il m'invita à venir passer une huitaine dans son hôtel où il comptait enterrer, décemment s'entend (il connaît la pureté légendaire de mes mœurs), sa vie de garçon, laquelle eût mérité de plus bruyantes funérailles. Un rayon de soleil méridional, c'est comme un verre de vieux vin. Ça ne se refuse pas. C'est également vermeil, réchauffant et mettant le cœur en joie. Je bouclai ma valise en un clin d'œil, et je sautai dans un fiacre. Dix-huit heures après j'étais à Saint-Gaudens.

II

J'y trouvai Saturnin faisant avec une dévotion attendrie et attentionnée, l'inventaire de ce que le cousin Clodomir avait laissé dans la maison, c'est-à-dire de ce qui lui appartenait maintenant à lui-même. Un de ces mobiliers copieux de province qui feraient éclater nos étroits appartements parisiens. Une immense armoire surtout excitait d'autant plus la curiosité légitime de son nouveau possesseur, qu'on n'en avait pu retrouver la clef. Saturnin, qui manquait de patience, fit venir un serrurier. Celui-ci, avec infiniment de peine, dut forcer la massive et antique serrure qu'accrochait au bois solide un crampon de fer poli, luisant comme l'œil mélancolique du passé qu'attristait, sans doute, ce sacrilège. Car les choses, croyez-le bien, ont un cœur comme nous, et ce nous est un grand bien qu'elles n'aient pas en même temps et aussi, la parole. Car elles nous pourraient dire, sur ce qu'elles voient, souvent des choses cruelles à entendre. Ah ! si les bois de lit devenaient bavards tout à coup, que de vantards auraient de la honte par-dessus les oreilles.

Avec un gémissement dont nous ne chercherons pas l'éloquence mystérieuse, l'armoire enfin s'ouvrit et nous découvrit un musée du nouveau genre. Comme tous les gens du pays aisés — car en cela le Languedoc ressemble à la Hollande — le cousin Clodomir avait une fort bonne cave, à laquelle nous avions fait une antérieure visite. Mais dans ce grand bahut que nous venions de violer, il semblait avoir enfermé la quintessence de sa collection, les plus belles et originales éditions de cette bibliothèque, quelque chose comme les Elzévirs en bouteille. Ce n'était que flacons, partout de petites étiquettes écrites à la main et de glorieux certificats d'authenticité : Malvoisies de 1811, Malagas de 1822, Madères de la comète, Portos d'origine, tous vins de liqueur et ne pouvant que gagner à ce séjour prolongé dans un lieu sec et bien clos.

— Voilà pour éblouir ma nouvelle famille ! s'écria Saturnin émerveillé. Le président de la Haultevessière adore ces humides sucreries. Au grand dîner que je lui offre ce soir, ainsi qu'à toute sa maisonnée, et dont ma fiancée sera le plus bel ornement, je veux faire défiler ce savoureux cortège, cette grisante théorie, cette belle armée de bouteilles poudreuses comme des soldats en campagne. Moi aussi je veux montrer mes troupes à l'ennemi et faire de grandes manœuvres. Holà ! mes gens ! qu'on prenne, une à une, sans les remuer, ces jolies poupées de verre qui diront ce soir, mieux que les bébés articulés, *papa et maman* dans nos gosiers, et qu'on les range sur le buffet avec coquetterie. La vieille garde en avant. C'est en quoi les vins diffèrent essentiellement de la cocoterie. Allez ! Allez ! mes braves, et si vous m'en cassez une seule, je vous retiendrai vos gages de toute une année.

Le déménagement commença immédiatement sous nos yeux. Une étiquette nous arrêta net dans cette besogne. Elle était ainsi conçue et collée sur un flacon plus petit que les autres : *Alicante de 1807 donné par madame Marius.*

— Holà ! fit Saturnin. Voilà qui doit être fameux particulièrement. Un cadeau de fête, sans doute, fait à mon cousin par sa bonne amie. La drôlesse, qui avait des vues sur mon héritage, devait lui donner du meilleur. Si nous gardions celle-ci pour nous et que nous la savourions incontinent à petites gorgées pour nous mettre en belle humeur ?

J'ai dit déjà que, pas plus qu'un rayon de soleil, je ne refusais jamais un verre de bon vin. Mon assentiment enthousiaste à cette proposition fut donc immédiatement acquis. Tandis qu'on apportait les coupes de fin cristal, Saturnin ajouta sur un ton d'honnêteté presque émue :

— Il ne conviendrait pas d'ailleurs d'offrir à une chaste jeune fille le présent de l'adultère.

C'est particulièrement aux noceurs convertis que le mariage inspire ce genre de pensées scrupuleuses et délicates.

Nous trinquâmes fraternellement, et bientôt du flacon vidé il ne demeura qu'une singulière chaleur sur nos épigastres et une vague griserie dans nos cerveaux, qui nous poussait invinciblement au badinage. Pendant qu'on mit le couvert, Saturnin fut absolument inconvenant avec les servantes, les embrassant de force, les appréhendant au derrière, leur baisant la nuque avec des morsures d'étalon, leur troussant les jupes et les voulant jeter à terre. Et, m'étant rué moi-même dans l'office, je ne m'y conduisis pas plus décemment que lui, plantant des baisers à tort et à travers sur les bouches ancillaires mal défendues, pinçant les mollets, grimpant plus haut sous les robes, tentant des attouchements impurs.

C'était, vraiment, une diablerie que nous avions, tous les deux, au corps.

Ah ! perfide Madame Marius ! Voilà donc le secret des verdeurs mortelles qui avaient hâté l'agréable trépas du malheureux cousin Clodomir ! Dans l'officine de son mari avait-elle, sans doute, dérobé quelque aphrodisiaque drogue dont elle rendait plus agréable la société amoureuse du septuagénaire et accélérait en même temps son bienfaisant trépas ! Alicante empoisonné, comment fuir tes libertines brûlures ? Pas une fleur de nénuphar à se mettre sous la dent ! pas une tabatière de camphre à se vider dans les narines ! Et le désordre de nos âmes augmentait, et cette mer de cochonnerie, qui était en nous, montait toujours ! Et l'heure implacable du dîner approchait, du cérémonieux dîner dont la table était comme le seuil de l'autel où le prêtre attend les jeunes époux ! Ah ! de l'eau froide ! nous nous disputâmes une carafe que nous laissâmes tomber, tous les deux, en entendant le premier coup de sonnette. C'était Monsieur le Président et sa famille qui faisaient leur entrée.

III

Se sentant perdu, Saturnin eut le courage des désespérés.

Avant que sa fiancée ait eu le temps de faire : ouf ! il l'avait empoignée et enfermée dans une étreinte de caresses folles, la mangeant de baisers partout, sur son cou nu, sur ses bras nus, à travers la robe. La présidente était une bonne grosse mère qui n'avait pas encore cinquante ans. Je lui fis absolument assaut de la même façon désordonnée, ceinturant son gros pétard de mes bras amoureux, comprimant sur ma poitrine haletante son ventre majestueux, l'appelant à genoux : Mon amour ! mes délices ! ma joie !

Le président de la Haultevessière était un homme intègre, mais d'une étonnante susceptibilité. D'abord surpris, il devint ensuite tout rouge de colère. Un embarras visible se peignit sur la tomate grimaçante qu'était devenu son visage. Allait-il protéger sa femme ou secourir sa fille ? Se préserverait-il égoïstement d'être cocu, ou défendrait-il, au mépris de son propre honneur, celui de son unique enfant ? La prudence inhérente à l'exercice prolongé de la magistrature, tint une balance exacte entre ces deux nobles sentiments. La crainte de recevoir un mauvais coup le rendit impartial une fois de plus dans sa vie. Il ne fit rien du tout que crier comme un putois. Le malheur voulut que la maréchaussée passât par .. Elle reconnut la voix du jurisconsulte vénéré et les deux agents de police qui la composaient entrèrent comme un ouragan et nous battirent comme plâtre. Saturnin dût lâcher mademoiselle Noémie pour riposter, et force me fut d'abandonner la présidente pour faire face aux assaillants.

L'affaire fut étouffée par le président lui-même, mais mademoiselle de la Haultevessière ne devint pas madame Galipet. Saturnin se remit à faire la noce. Il mangea le bien que lui avait laissé le cousin Clodomir. Ce fut l'apothicaire Marius, enrichi par la vente à faux poids de remèdes sophistiqués, qui acheta la belle maison quand il fut obligé de la vendre. Ainsi madame Marius toucha, des mains du mariage, les arrérages des complaisances de l'adultère. Allez donc comparer, après ce délicat bienfait, ces deux institutions !

NOS ANCÊTRES

NOS ANCÊTRES

I

Ce n'est pas sans une émotion profonde que je le revis, ce vieux château de Culensac où, tout enfant, j'avais joué à l'ombre des ruines, indifférent aux grands souvenirs qu'il rappelle, mais pris de soudaines terreurs quand tout se faisait sombre à ses pieds, le soleil passant derrière, et quand l'image noire et dentelée des tours s'allongeait sur le sol, fantastique et grimaçante. Une grande mélancolie semblait descendre alors, avec le soir, des crêtes déchiquetées, et, dans l'Ariège coulant en bas, les dernières pierres éclairées, et tout éclaboussées de lumière rouge, faisaient des taches brillantes, semaient des rubis dans l'obscur et frémissant reflet des hauts peupliers secouant, comme des vieillards, leurs têtes argentées. Et l'une des légendes contées auprès de la haute cheminée, durant les veillées hivernales, hantait mon front, mêlée aux mythologiques récits de l'Ancien Testament dont on farcissait ma jeune mémoire.

Il s'en fallait cependant que le manoir fût abandonné. Dans la grande tour carrée, le dernier descendant de l'illustre nom des Culensac avait installé des appartements fort confortables où, antiquaire intéressé, il avait réuni toutes les vieilleries augustes intéressant l'histoire de sa race, et le soin de ce musée occupait les loisirs de cet inoffensif gentilhomme, pendant les longs mois surtout où, du côté d'Ussal et de Tarascon, le vent ne venait plus que chargé de neige, ourlant de blanc tout ce paysage et s'amoncelant aux reliefs estompés du castel n'apparaissant plus que comme un Lazare étirant ses longs bras des blancheurs du linceul. Ce suprême Culensac était un gros homme avenant et sans rancune contre les révolutions, prenant son parti, au fond, de la perte des privilèges par la consolante pensée de ne pas aller en Palestine. Il menait là une vie tout à fait calme, et n'ayant hérité, de ses aïeux, qu'une médiocre fortune, augmentait ses revenus par l'exploitation de ses vignobles. Le vin de Culensac, n'était pas sans renommée aux environs. D'aucuns osaient le comparer au Villaudric qui règne encore dans les caves languedociennes. En ce temps ancien dont je parle et où j'apprenais encore mon rudiment, la femme de ce hobereau, madame la marquise de Oulensac, était une toute jeune personne, une vision de printemps dans ce décor d'automne, un rosier en boutons parmi les pins, la plus douce image qui me soit restée dans la mémoire, et précocement amoureux, j'avais envie de baiser le sable là où elle avait passé, traînant sa robe de fée, avec de gros bouquets entre les bras. Le ménage était très bon pour moi. Monsieur me racontait des batailles où ses grands-pères avaient tué des Sarrazins, et madame me donnait des friandises que je n'osais pas manger et que je cachais comme des reliques pour n'y toucher que du bout des lèvres. O menteuses sucreries qui m'apprirent la douceur perfide du baiser!

II

Quinze ans plus tard, — j'en avais vingt-deux — au sortir de l'école, prenant de longues vacances et bien méritées, je fis au vieux château ma pénultième visite, celle que je vous veux raconter et dont les détails ne se retracèrent pas moins vivement dans mon esprit quand j'y revins, il y a quelques jours en pèlerinage. Ah! le marquis avait beaucoup vieilli. Il avait l'air d'un potiron un peu moisi dans le haut. Mais si la marquise avait changé, ce n'était pas aussi cruellement à son désavantage. la plénitude était venue à ses formes demeurées aristocratiques, une plénitude ferme qui donnait à sa peau des étincelles de santé, quelque chose d'éblouissant comme une neige dure et vivante. Ce grand éclat de maturité ensoleillée vous enveloppait tout d'abord comme un rayonnement. L'épaississement insensible des traits en avait respecté les lignes, creusant seulement çà et là, aux joues d'un rose légèrement ombré, et au menton grassouillet seulement, des fossettes circonflexes comme un vol d'oiseau sur la candeur d'un nuage. Les lèvres s'étaient plus largement empourprées avec plus d'abandon et d'attirance loyale dans le sourire; elles aussi avaient semblé s'épanouir pour la suprême caresse; et les yeux sur qui ne pesait plus le voile à peine soulevé encore des anciennes virginités, s'étaient aussi plus largement ouverts, comme des volubilis à l'aurore, toujours d'un bleu exquis, mais plus chaud, avec un étincellement de sable d'or dans le fond. Un grand charme voluptueux se dégageait de sa marche délicieusement alourdie par un embonpoint aimable, et beaucoup de majesté lui était venue de sa gorge plus haut dressée, de son ventre mieux accusé sous la robe, de ses hanches dont l'amphore s'était dilatée, des assises naturelles dont son être, autrefois fragile, avait été consolidé. Je demeurai devant elle dans un trouble inexprimable, sentant toutes mes adolescenses s'élancer, en moi, vers cette beauté violemment désirable, tous mes désirs fous d'écolier grandi monter vers cette idole de chair. Et ma main frémit dans la main qu'elle me tendit avec un je ne ne sais quoi de bon garçon, qui n'eût dû inspirer cependant que des camaraderies. Mais je me sentis devenir tout à fait insensé, quand, son bras s'étant posé sur le mien, je respirai le parfum grisant de sa chevelure noire où mourait une fleur de grenadier, et que chacun des mots insignifiants d'ailleurs, qu'elle me disait, me fut une bouffée vague de son haleine tiède et fleurant une odeur de baiser.

— Vous restez à dîner avec nous, me dit le marquis avec une navrante bonhomie.

Et il ajouta, parlant à sa femme :

— Tu sais que je garderai aussi Calpestrou qui doit venir conclure avec moi, tout à l'heure.

La marquise fit une légère, mais très sensible moue. En même temps, M. Calpestrou entrait et le marquis lui fit l'accueil le plus empressé du monde, bien que le nouveau venu n'eût rien des façons apparentes d'un Montmorency.

— C'est, me dit madame de Culensac, quand ils furent sortis ensemble, un fort habile commis voyageur en vins et qui en prend des quantités considérables à mon mari. Il vient de nous en placer beaucoup et nous lui devons bien une politesse.

N'était que j'eusse préféré de beaucoup prendre ce repas en tête à tête avec la marquise, je n'eus pas trop à regretter pendant ce dîner la présence de ce convive étranger comme moi-même. M. Calpestrou avait une façon d'esprit assez gros qui étonnait son hôte, scandalisait légèrement son hôtesse, et m'amusait, je dois l'avouer, infiniment. Cette invasion de modernité violente, et quelquefois cynique, dans ce temple solennel du passé, ne manquait pas d'un certain charme sacrilège.

— Et maintenant, dit au voyageur monsieur de Oulensac, je vais vous montrer ma collection.

Et, une seconde fois, il l'emmena, ce qui me parut une bien heureuse idée.

III

Car, tout en écoutant les calembredaines de ce farceur ambulant, j'avais goûté mille joies encourageantes et occultes dans le voisinage à table de la belle marquise. Il ne reste plus un seul Oulensac aujourd'hui, et ce que j'appris depuis me dispense de toute discrétion, la délicieuse femme dont je parle ayant laissé, dans tout le pays, la renommée d'avoir eu une cuisse ne pesant pas une once. Je sais pas si vous m'entendez, mais on dit encore dans toute la région : Cocu comme le marquis. Je n'ai donc point à me vanter d'une difficile conquête. Et puis après? Enfoncer une porte ouverte n'est pas une sottise quand, derrière cette porte, s'ouvre le séjour d'un paradis. C'est même une politesse. Jamais je ne sentis autant le néant de la jalousie qui tourmente les hommes. Que m'avaient pris, des faveurs qui me furent accordées en ce jour, ceux qui, paraît-il, les partageaient avec moi? Une table d'hôte merveilleusement servie n'estelle pas préférable au dîner misérable qu'on feint en vain de trouver meilleur parce qu'on le prend seul? En dehors des délices égoïstes et mortelles que la possession unique assure seule, à une passion définitive et sans merci, une promiscuité sans emphase me paraît ce qu'il y a de mieux et de plus sage au monde. O châtelaine exquise qui frôliez mon pied de votre soulier mignon, durant que votre époux découpait douloureusement une bécasse, qui, le dessert venu, laissiez ma main tremblante chercher, à travers vos jupons et sous la serviette, jusqu'où montait la rondeur divine de vos cuisses ; qui, les liqueurs versées, croisâtes votre main avec la mienne, pour me rendre ma visite, pour ce que vous n'étiez pas avare avec les autres de cette monnaie de petites caresses, n'en soyez pas moins bénie devant la postérité !

Car vous étiez une nature tout à fait loyale, ô défunte châtelaine! Car une fois ces deux importuns décampés, vous ne fîtes pas faux bond à toutes ces promesses obscures ; vous ne laissâtes pas protester ces vagues lettres de change. Vous payâtes la dette contractée, par toutes ces espérances, argent comptant. Puisque nous parlons d'écus, je proclame que je n'en ai jamais vu de plus beau et de plus rond, sinon de mieux sonnant que le vôtre! Ah! la belle pièce et dont la pile ne valait pas moins que la face! Puisse le destin m'en compter de pareilles, quand je suis au lit par exemple, puisqu'on dit que la fortune vient en dormant. Une fois, que dis-je! Trois fois de plus on put dire ce soir-là : Cocu comme le marquis !

IV

Quand le bon ton et la prudence me firent un devoir d'aller rejoindre, au musée particulier du marquis, M. de Culensac et son hôte, j'entendis le dialogue suivant :

— Cette épée, disait le marquis, est celle avec laquelle Guy de Culensac, en 1322, fendit, à la bataille de Taillefesse, la tête d'Enguenard de la Pétardière !

— Haou ! répondait quelque chose ressemblant fort à un bâillement mal étouffé et qui sortait de la bouche de Calpestrou.

— Ce bouclier était au bras de Gaspard de Culensac, dit Malevesse, quand, en 1422, il passa à la nage le Guadalquivir pour rejoindre notre armée en déroute.

— Haou !

— Adhémar de Culensac portait ce casque, en 1517, quand, le premier, dans une fausse alerte, il s'écria : Sauve qui peut ! d'une voix de tonnerre.

— Haou !

— C'est en retirant ce cuissard, pour user galamlamment du droit de jambage, qu'en 1653, Hercule de Culensac, dit le Bien-Aimé, se foula un nerf et demeura boiteux toute sa vie.

— Haou !

— Mais, peut-être, fit tout à coup le marquis après une légère pose, tout ce que je vous dis là, mon cher monsieur Calpestrou ne vous intéresse qu'à moitié.

Le loustic eut un sourire tout à fait bon enfant, et répondit :

— Que voulez-vous, monsieur le marquis, vous pardonnerez à ma franchise — mais je vous avouerai que je me fous, comme d'une guigne, de mes propres ancêtres. Alors vous pensez si, ceux des autres, je m'en fous encore davantage !

Excuse, ô lecteur, la liberté de son langage.

BARBASSOL

BARBASSOL

I

Il y a de belles lunes (sans compter la vôtre, marquise) que Gaudissart est mort, et le représentant de commerce d'aujourd'hui ne ressemble guère au commis voyageur d'antan. Notre contemporain est le plus souvent un monsieur très grave que sa famille a trouvé trop sérieux pour le fourrer dans la politique, un bavard plus correct que ceux de nos Chambres, le représentant du comme il faut et de l'irréprochable dans la vie départementale. L'autre, le Gaudissart authentique, était un bon luron, un bruyant compère, un facétieux personnage, le boute-en-train des tables d'hôte, la gaieté des diligences, le large rire des grandes routes et le bon humeur. de pots dans les auberges, grand tourneurs de cocus à ses heures, faisant, à lui seul, autant de vacarme que vingt geais dans une cage, fumiste avant tout et aimant à se gausser des autres. Par ce temps de mélancolie à outrance, il m'est arrivé de le regretter. Notre siècle meurt de convenances et de belles façons. Il a bien fallu inventer quelque chose pour remplacer la réelle courtoisie de nos aïeux, laquelle était saupoudrée d'infiniment de gaieté. Ce quelque chose est insupportable. Mais c'est un conte que je vous dois et non pas une méditation douloureusement rétrospective sur l'hypocrisie des manières de mon temps.

J'ai connu le dernier Gaudissart, peut-être, et je lui dois bien un souvenir.

C'était un grand gaillard de belle figure, comme Panurge dont Doré, dans ses illustrations, a fait, à grand tort, un gringalet ; il avait de larges épaules, la face rubiconde, de petits yeux gris semblant deux gouttes de pluie dans une pivoine, la bouche polissonne et un grand air de santé. Il portait des vêtements romantiques et qui le signalaient tout d'abord à l'attention publique. Quand je dis que je l'ai connu, nous avons passé, en tout, quarante-huit heures ensemble dans les circonstances que je vais dire. J'étais adolescent encore et revenais à Montauban par Brives, pour prendre mes vacances chez l'oncle Marcellin. On m'avait confié au père Migelou, de Cubsac, qui avait le même trajet à faire, étant venu acheter des truffes pour en farcir des foies. Ce Migelou ! une rude tête de paysan, extraordinairement naïf et qui vous avait une femme à faire damner un collégien. Tout ce que nous aimons au réveil sacré des sens et quand les premières révoltes de la puberté nous tourmentent, pareilles aux sèves printanières. Des nénés à remplir deux bassines, un pétard à meubler une cuve, et des cheveux noirs et des yeux de braise, le Midi tout entier dans ses veines avec le sang des vignes et le jus des pêches où l'on se tord les dents, des pêches couleur d'ambre avec des fouettés de carmin. Oh ! la belle femme et bien conçue pour déniaiser une innocence masculine. Mais le père Migelou, qui était avare de tout, n'aurait pas permis que cette leçon me fût donnée gratuitement, et je n'avais jamais, en ce temps-là, deux sous dans ma poche.

Donc nous étions partis de Brives, trois dans le coupé d'une patache, Migelou, moi et un autre encore, le Gaudissart que je vous ai dit et dont je sus le nom bien vite. Car tous ses colis portaient une plaque de cuivre avec ces mots en calligraphie : *Barbassol.*

II

Une nuit d'été et la route la plus admirable du monde. En haut un éparpillement d'étoiles ; à terre de grandes silhouettes d'ombre répétant, éclairées par la lune en arrière, sur le chemin tout blanc, le profil montueux du paysage, grand bois escaladant les collines où pendait la fantasmagorie de quelque ruine féodale, et, tout en bas, dans les ravins, de belles eaux claires qui couraient, dans les gazons, comme des fusées d'argent. Et c'etait une délicieuse odeur de nature endormie, l'hymen de tous les souffles dans un air tiède et plein de fleurs sauvages, la mystérieuse respiration du grand être quand il se recueille dans l'infini des ténèbres clémentes. Le grand silence coupé seulement par les claquements du fouet sur les échines fumantes des rosses dont l'agonie haletait dans cet universel apaisement. Le père Migelou m'avait cédé un coin par déférence. M. Barbassol avait occupé l'autre d'autorité, et le paysan était entre nous deux, ses genoux calleux montant plus haut que les nôtres. Et je fermais les yeux dans un assoupissement délicieux où, toutefois, je ne perdais rien de ce qui se passait autour de moi.

En dehors de son avarice, Migelou avait un sacré défaut, une véritable curiosité de femme. Il fallait qu'il sût tout, particulièrement ce qui ne le regardait pas. Ce fut donc lui qui entama la conversation avec Barbassol qu'il ne connaissait pas, et celui-ci, qui était farceur dans l'âme, au lieu d'être prolixe comme à l'ordinaire, s'enferma dans un demi-mutisme tout à fait mystérieux, histoire de faire poser son interlocuteur, ce qui était le plus grand souci de sa noble vie.

Il fallut à l'indiscret des prodiges de diplomatie pour s'assurer que l'inconnu était un commis voyageur. Oui, mais pour quel article voyageait notre compagnon? Pour les vins? Pour la soierie? Pour les laines? Pour la bimbeloterie? L'autre avait des façons de répondre évasives qui ne permettaient pas d'asseoir une certitude. Il devenait clair qu'il était embarrassé pour avouer la nature de l'industrie qu'il représentait. Ah! la vaisselle intime? Point. C'était à donner sa langue au chat, et le père Migelou avait une langue à régaler plusieurs matous. Je m'amusais infiniment de son martyre, en gardant néanmoins une paupière close, pour rendre plus facile la confidence à venir. Car, moi aussi, je commençais à être tout à fait intrigué. De quel commerce obscur cet étrange Barbassol était-il le silencieux commis? Et je glissais, vers lui, entre mes cils, de longs regards interrogateurs et obliques, tâchant de deviner et ne surprenant qu'un scintillement d'astres dont les vitres embuées étaient diamantées.

III

Tout à coup ce Barbassol extraordinaire sembla se départir de sa réserve et parla bas à l'oreille du paysan qui se mit à rire, comme un sac de noix qu'on secoue.

— Nom de Dieu de farceur! disait le père Migelou.

Mais l'autre, toujours dans l'oreille, lui parla d'un tel sérieux que les yeux du vieux s'écarquillèrent et que celui-ci reprit l'entretien que je finis par saisir.

— Alors, disait Migelou, c'est dans les ménages sans enfants qu'est votre clientèle?

— Précisément, fit Barbassol, et vous êtes un malin.

Le paysan se reprit à rire bêtement.

— Et vous y faites pousser des héritiers de commande?

— Vous l'avez dit, mon petit père! riposta le Gaudissart.

— Ah, ça! et comment vous y prenez-vous!

— Ça, le vieux, c'est mon affaire!

Migelou réfléchit un instant ou en eut l'air. Après quoi il reprit :

— Un garçon ou une fille à votre choix?

— Non! au choix des personnes.

— Et l'enfant devient?

— Ce que je veux, ou plutôt, ce que ses parents ont voulu. Je ne suis préoccupé que de bien servir mon monde.

— Comment ça?

— Eh bien, si on veut pour fils un paysan, un simple villageois, c'est tant. Désire-t-on un rentier ou un petit commerçant, c'est un peu plus cher. Dame! si on me demande un général, il faut y mettre le prix et pour avoir un pape, ça coûte les yeux de la tête.

— Un pape! murmura Migelou. Un pape!

Et il se passa les lèvres sur le bord des babines, comme s'il se fût pourléché de quelque gourmandise. Et il répétait : un pape!

J'ai oublié de vous dire que le bonhomme, qui

était riche, était absolument dénué de postérité, ce dont il enrageait.

— Pour long comme ça, c'est vingt-cinq francs, et vous avez un paysan.

— Ça ne fait pas mon affaire, répondit vivement Migelou trahissant enfin des intentions secrètes.

Le commis voyageur, passant à la seconde phalange :

— Pour long comme ceci, c'est cinquante francs. Je vous livre un rentier ou un petit commerçant.

— Ça n'en vaudrait pas la peine, fit Migelou. Les gens qui cultivent la terre sont encore plus heureux... Et un pape ?

Il posa cette question avec de la fièvre dans la voix et, tout bas, comme on parle dans un rêve.

— Pour un pape, il faut tout ça ! riposta Barbassol en tendant toute la longueur de son doigt, et ça coûte cinq cents francs.

— Boun Diou, s'écria le paysan en reboulant ses petits yeux gris et cupides comme s'il allait avoir une attaque.

Mais bientôt, d'un ton câlin jusqu'à la félinerie :

— Et vous ne pourriez pas me faire une diminution ?... Une toute petite diminution ?

— Impossible ! J'y perdrais, répondit imperturbablement Barbassol.

Plus un mot pendant quelques instants. Enfin, avec un gros soupir :

— Eh bien, dit le paysan, puisque vous n'êtes pas raisonnable, je me contenterai d'un petit rentier. Seulement j'exige que sa fortune soit placée sur les fonds publics.

— Va pour cent francs, fit, avec une petite moue désappointée, Barbassol... Et payés d'avance.

Le paysan, sur un ton résigné :
— Venez loger cette nuit, à Cubsac, chez moi, ce sera le plus simple.

Barbassol accepta et je compris l'épouvantable vérité. Les détails seuls de l'affreux projet médité par Migelou m'échappèrent, parce qu'il se remit à parler à l'oreille de Barbassol pour lui donner ses dernières instructions. Mais je devinai. On préviendrait madame Migelou et les gros nénés et le volumineux pétard, et toute cette vendange de biens défendus, serait la proie de cet intrus, de cet intrigant, de ce fourbe de Barbassol.

Car je ne croyais pas un mot à la vertu de son invention procréatrice. Le matin était venu et le jour entier se passa pour moi dans ces tristes réflexions.

IV

Les fatalités s'accumulèrent autour de mon désespoir. Moi aussi je devais loger, cette nuit-là, la seconde du voyage, chez Migelou, et, une fois arrivé à Cubsac, ne me donna-t-il pas la chambre voisine de celle de sa femme! Une simple cloison entre les deux pièces! Je ne perdais rien de cette déshonorante expérience. Et jamais madame Migelou ne m'avait paru plus belle. Gorge et fessier me semblaient s'être encore tendus davantage vers les délices pressenties. Il aurait fallu trois douzaines de mains pour occuper tout cela. Une triple pelote qui semblait solliciter l'épingle. J'eus la tentation, un instant, de ne pas rentrer. Mais il pleuvait à verse après une journée de poussière, et j'étais horriblement meurtri par vingt-deux heures de diligence déjà. Mon cerveau était cependant le plus libre et le plus avisé du monde et, à mon tour, j'étais pris d'une indicible curiosité. Avec beaucoup d'étonnement, je me convainquis qu'après avoir fait semblant de sortir, pour laisser Barbassol causer librement avec sa femme, Migelou avait été se cacher tout simplement dans la chambre de celle-ci. Déjà rentré dans la mienne, et en train de me déshabiller, je l'avais très distinctement entendu se blottir derrière le lit. Allais-je assister, à travers cette fragile muraille, à quelque vengeance terrible d'une jalousie inattendue? Quel sombre dessein pouvait méditer cet homme? Ce facétieux Barbassol serait-il tombé tout bêtement, lui-même, dans un piège? Peut-être tout cela était-il une comédie entre madame Migelou et lui; sans doute, il la connaissait déjà, le mari avait eu vent de quelque chose; il attirait là le galant pour le frapper. Et mes dents claquaient à ces idées horribles. Ne devais-je pas m'élancer et prévenir cette malheureuse femme? Crier à Barbassol : Fuyez! Certes, c'était mon devoir. Mais je n'eus pas le loisir de l'accomplir. A pas de loup, et sans que je les aie entendu monter dans l'escalier, le commis voyageur et l'épouse adultère entraient dans la chambre fatale.

Toujours discret, je collai mon oreille à la muraille.

Et je ne perdis rien, non, rien du colloque amoureux où d'ailleurs il ne se prononça pas un seul mot. Ce Barbassol n'était pas bavard en affaires. Mais il me sembla laborieux, ce qui vaut davantage.

Tout à coup, le bruit d'une énorme claque sur un derrière, un gémissement suprême de l'acajou et la voix de Migelou criant, triomphale :

— Nous aurons un papo, cap de Dious !

LE PHONOGRAPHE DOUDOU

LE PHONOGRAPHE DOUDOU

I

C'est un phénomène avéré aujourd'hui, et qui pourrait bien ne pas être étranger à ceux de la suggestion, que les plus grandes découvertes de l'humanité ont été effectuées simultanément, sur plusieurs points à la fois, du monde civilisé. Au moment où Leverrier découvrait une planète par la magie des calculs, elle était vue, avec des instruments nouveaux, par un autre astronome. On dirait que certaines vérités sont dans l'air que plusieurs yeux surprennent à la fois. On vous dira, à l'Académie des sciences, que, plusieurs mois avant les communications de M. Edison, un Mémoire était déposé par un excentrique de génie, excellent poète d'ailleurs, — ce qui prouve que les faiseurs de vers ne sont pas d'aussi inutiles rêveurs qu'on l'imagine — Charles Cros, mort il y a quelque temps seulement, et où était décrit le phonographe, lequel devient, bel et bien, alors une invention française. Ce que je vous dis là n'est nullement du domaine de la fantaisie et vous le pouvez demander, de ma part, aux savants de vos amis.

Il n'y a donc rien d'étonnant à ce que le modeste docteur Doudou, inconnu même comme poète, ait, en même temps que Charles Cros, imaginé aussi, sous une autre forme, ce merveilleux appareil où les sons demeurent, comme les vins dans une cave, ou mieux comme les livres dans une bibliothèque — car ils y empirent plutôt qu'ils ne s'y améliorent, et la postérité pourra croire que tout le monde parlait du nez en ce temps-ci. Lui aussi, l'infortuné Doudou, moissonné à la fleur de l'âge, avait commencé son Mémoire, mais n'avait pas eu le temps de le finir. Une préoccupation particulière avait présidé, pour lui, aux détails de l'instrument. Il était destiné surtout, dans sa pensée, à recueillir les dernières paroles des mourants qui faisaient ainsi durablement leurs dispositions dernières. Son phonographe avait la forme d'un portefeuille que le notaire pouvait mettre, en s'en allant, sous son bras. Il fallait un mouvement de soufflet donné aux replis du maroquin pour en faire sortir les paroles emmagasinées. C'était, comme vous le voyez, une façon d'accordéon dont la musique était faite de notes entendues. Extrêmement sensible d'ailleurs et d'une fidélité complète. Ah! les héritiers qui ont capté des testaments n'auraient pas été à la noce. C'est contre eux que l'excellent Doudou, qui avait été proprement dépouillé par ses collatéraux, avait inventé surtout cette machine de guerre. Aussi est-ce dans le mystère le plus profond de son laboratoire qu'il l'avait confectionnée, s'enfermant pour y travailler et n'en confiant les pièces qu'à des ouvriers ne se connaissant pas les uns les autres, comme on fait pour quelque pièce nouvelle d'artillerie.

Quand donc il eut exhalé son âme, avec le regret de n'avoir pu doter ses contemporains de ce chef-d'œuvre, on ne prit pas garde à ce faux portefeuille qu'on laissa dans un coin, comme une vieillerie inutile. La maison fut occupée par de nouveaux locataires et, dans la pièce où il était resté, une femme et son enfant furent logés, le moutard passant son temps à crier et sa mère à le gourmander dans un langage fort peu académique. Et l'instrument demeuré entr'ouvert retenait tous ces entretiens familiaux, voire jusqu'aux pétarades du gosse. Ce qui en faisait un *magazine* d'un nouveau genre et tout à fait *schoking* pour des Anglaises de distinction.

II

Tandis que cette chambre où Doudou avait élucubré ses inventions, pleine si longtemps de recueillement et de silence, avait reçu cette si différente destination, le reste de l'appartement qui en était séparé était occupé d'une beaucoup plus riante façon. M. et madame Lavessencœur s'y préparaient à recevoir deux jeunes époux, leurs cousins, qui avaient voulu venir faire à Paris leur nuit de noces. Je n'ai jamais beaucoup compris le voyage dont on fait précéder ordinairement cette cérémonie familière. D'aucuns prétendent que le tressaillement du chemin de fer a d'aphrodisiaques propriétés; mais je veux croire que les fiancés de mon temps n'ont pas besoin de cet apéritif. Enfin Philippe et Augustine — ainsi s'appelaient nos jeunes gens — avaient voulu profiter de l'occasion pour voir l'Exposition. Augustine voulait montrer la tour Eiffel à son mari. *Hoc signo vinces!* pensait en latin cette jeune personne qui avait passé son baccalauréat. Ah! si j'avais encouru la rigueur des saintes lois de l'hyménée, comme j'aurais autrement compris le décor du suprême sacrifice! Un coin de nature bien mystérieux, avec, tout au loin et presque imperceptible, un murmure d'eau qui coule et vous mesure le temps béni des caresses, hâtant les baisers avec le bruit monotone de ses flots. Peut-être un frémissement de feuillage derrière la croisée, comme le bruit d'ailes des rêves qui s'en vont. C'est dans cette Thébaïde que j'eusse aimé respirer, comme une fleur sauvage, le parfum vivant des virginités vaincues. Mais le bruit des fiacres sur le pavé, l'essoufflement de la grande ville après ses rudes travaux de la journée, le râle des ivrognes au coin des murs... Non! non! je n'aurais pas voulu de cela pour épithalame! Philippe et Augustine n'étaient pas de mon goût, voilà tout.

Leurs bons parents, qui venaient seulement d'emménager, avaient toutes les peines du monde à leur installer un nid dans ce chaos. Cependant madame Lavessencœur, qui était essentiellement pratique, entendait que le plus grand confortable fût mis au service de l'épreuve délicate dont sa demeure allait être l'insensible témoin. Tout ce qui sert aux ablutions réparatrices avait été prévu. Et le lit nuptial! Des draps dont le toucher était, lui-même, une caresse, avec un parfum d'iris vague dans la blancheur du lin. Avant d'y étendre cette lingerie, la même madame Lavessencœur assura à son époux qu'il fallait essayer cette couche où s'allaient agiter les destinées sacrées de sa race. Le vieux renâcla bien un peu, mais les matelas n'en furent pas moins éprouvés et jugés d'un moelleux suffisant pour leur voluptueux office.

— J'aimerais cependant, fit madame Lavessencœur, qu'on y eût les reins un peu plus soutenus.

— Il n'y a qu'à mettre un oreiller entre les deux matelas, au milieu, ou un coussin, répondit M. Lavessencœur. Ça donnera plus de prise, en effet.

Et, sur cette conversation philanthropique, ils cherchèrent un coussin.

— Mais, fit soudainement Lavessencœur, notre sous-locataire, la voisine, a chez elle un vieux portefeuille de cuir qui ferait l'affaire admirablement! C'est suffisamment élastique et moins volumineux qu'un oreiller.

— Tu as raison, mon chéri, lui répondit sa femme qui, depuis l'expérience du lit, était de la plus charmante humeur du monde. Va le chercher.

Et c'est ainsi que le phonographe Doudou, qui devait révolutionner le monde, fut installé entre deux couches de crin végétal. En le transportant, M. Lavessencœur crut bien entendre un bruit insolite, suivi de cette apostrophe; — Vas-tu te taire, cochon! — mais il n'y prit pas garde, dans le grand empressement de la besogne où il était. Tout cela fut d'ailleurs un peu indistinct, parce qu'il ne pesait ni assez, ni régulièrement sur le soufflet dont le ressort était devenu très dur, par l'effet de la rouille et de l'inaction.

III

Ce n'est jamais sans une émotion, où éclate mon innocence originelle, que je pénètre dans une chambre nuptiale. C'est là que va se briser le fermoir que tenait clos le livre éternel et redoutable des destinées. Est-ce un signet rose ou un tragique signet couleur de sang qui y va marquer la page fatale?

Tout m'est solennel et sacré dans cette demeure du Sphinx qu'Œdipe interroge et qui répond souvent à Sganarelle. Il nous faut bien pénétrer cependant dans cet asile des pudeurs suprêmes où nous attendent Philippe et Augustine, sans trouver d'ailleurs le temps démesurément long. Car Philippe est fort sincèrement épris de sa fiancée et c'est avec de véritables ivresses d'amour qu'une à une il fait tomber les pièces de l'armure liliale dont ses exquises nudités ne seront plus bientôt défendues. Le casque de gaze est tombé dans un effeuillement de fleurs d'oranger; tombée aussi la cuirasse de satin où la gorge était enfermée et un cliquetis de soie avait marqué la chute des jupons sur le tapis. Le papillon avait jailli de sa chrysalide de neige, avec des grâces pour ailes et tout un printemps de chair jeune parfumant son envolée, avec des caprices déjà dans l'essor. Et, comme des boutons de rose qui s'ouvrent, une floraison de baisers lui était venue aux lèvres pour fêter cette aurore au déshabillé de brumes fuyantes. Doucement, avec l'épaule, la poussant, puis la portant presque, il l'avait conduite au bord du lit grand ouvert, et, quand elle s'y était pudiquement étendue, la couche s'écrasant délicieusement sous son poids, un étrange soupir avait été entendu qui semblait sortir des profondeurs même du lit, suivi de ces mots à peine distincts : — Encore, salopiau !

Tous deux avaient entendu, mais tous deux se crurent le jouet d'un rêve.

C'est après avoir refermé chastement les rideaux que nous écouterons encore.

Pour le coup, le portefeuille avait dû recevoir une rude pesée, car c'est une voix de tonnerre qui cria :

— Attends un peu, polisson !

Philippe sauta à bas du lit. Il était très pâle et tout tremblant. Il chercha partout dans la chambre, si quelque fumiste ne s'y était pas caché. Rien. Mais il avait perdu toute audace en se remettant dans les draps et ce fut un long silence qui y signala sa rentrée. Puis la musique des baisers recommença, lente d'abord, accélérant son rythme ensuite. L'ange gardien des voluptés licites et conjugales faisait entendre comme un frémissement d'ailes dans les plis refermés des rideaux.

— Essaye un peu de recommencer, malpropre ! fit encore la voix redoutable, et un bruit épouvantable de fessée retentit sous le baldaquin.

M. et madame Lavessencœur qui veillaient, anxieux, dans la chambre voisine, accoururent, d'autant que la fouettée était accompagnée, en contre-point, d'une criaillerie effroyable d'enfant qu'on bat. Ils arrachèrent Philippe du lit en le traitant d'assassin et tout cela finit par une mêlée abominable dans l'obscurité, tandis que, sous les convulsions de la pauvre Augustine demeurée seule au lit, le phonographe Doudou continuait à piailler de plus belle.

Ne me parlez plus des inventions d'aujourd'hui !

MIOUSIC

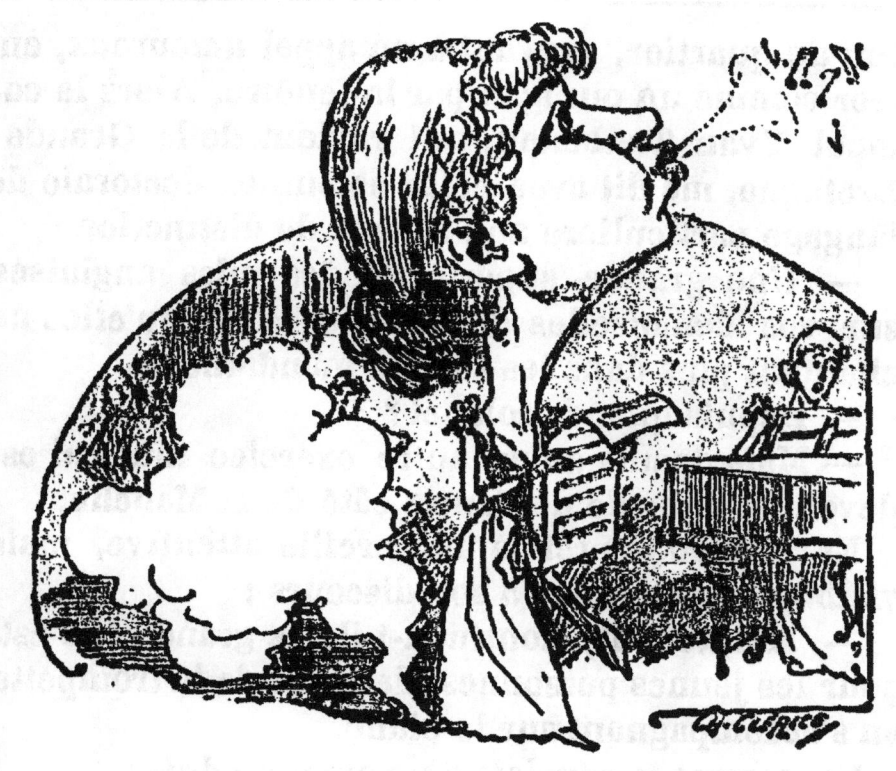

MIOUSIC

I

C'était à la dernière soirée de la comtesse Lefriand du Minet, dont le salon est, vous ne l'ignorez pas, un des plus *select* de Paris. Après s'être fait prier quelque temps, la charmante demoiselle Elodie Goulu du Pétard se mit au piano et commença d'exhaler une romance avec de tels écarts dans la voix que j'eus peur un instant de voir quelque matou du quartier, croyant à un appel amoureux, entrer comme un ouragan par la fenêtre. Alors le colonel Yvan Toubeneff, qui revient de la Grande-Bretagne, me dit avec cette solennité doctorale de langage particulière aux Russes de distinction :

— Une grande supériorité des miss anglaises sur vos demoiselles de France, c'est qu'elles ne chantent plus dans les soirées mondaines.

— Depuis quand, colonel ?

— Mais depuis qu'un autre exercice musical est devenu à la mode de l'autre côté de la Manche.

Et, comme je prêtais une oreille attentive, mais visiblement étonnée, à son discours :

— Maintenant, continua-t-il, le grand chic est, pour les jeunes personnes, de jouer de la trompette en s'accompagnant sur le piano.

Et, comme je souriais d'un air incrédule :

— Ne vous imaginez pas, continua-t-il encore, qu'elles appliquent à leurs jolies lèvres d'ignobles cornets de cuivre. Où serait alors un mérite commun, avec elles, à un grand nombre de manants ? C'est sans instrument que nos sonneuses de fanfares imitent les sons des instruments guerriers. Elles s'emplissent pour cela les poumons d'air, par une longue et copieuse respiration ; puis gonflant les joues, elles serrent la bouche, non pas en l'arrondissant en cul-de-poule, mais en la pinçant, au contraire, dans sa longueur, par une façon de succion intérieure des lèvres qui ne sont plus qu'une ligne très mince. Par cette fente à peine entr'ouverte et toute vibrante elles font sortir des notes cuivrées d'un effet tout à fait comique, rappelant tout ensemble le clairon et le mirliton. Cette manière d'orchestre est devenue là-bas en tel honneur qu'on écrit maintenant de la musique pour lui. On trouve une partie de bouche en coulisse dans toutes les partitions nouvelles. Avec une quinzaine de demoiselles, on exécute une marche triomphale d'*Aïda* tout à fait émouvante. D'autres grands morceaux, du *Prophète*, par exemple, se prêtent merveilleusement à l'emploi de ce tube naturel. Cela est aussi agréable à regarder qu'à entendre. Car ce petit chœur de grimacières est d'un effet absolument comique. Il faut voir le sérieux des exécutantes et les applaudissements qu'elles recueillent ! Ce jeu n'est cependant pas sans danger.

Et le colonel prit une expression de visage mélancolique qui excita au plus haut point ma curiosité.

— Pauvre sir William Etelred ! murmura-t-il avec une grosse larme dans les yeux qui lui roula le long du nez, jusque dans son sorbet.

Puis, comprenant mon appétit de confidences, il m'entraîna dans un coin, sur une large causeuse, et poursuivit, sans que j'eusse même à l'interroger.

II

C'était un homme vraiment exquis que sir William et dont le suicide m'a causé une peine infinie. Un suicide par amour est toujours une chose touchante. J'ai voulu moi-même me tuer plusieurs fois pour des femmes. Mais l'idée que je ne les reverrais plus ensuite m'en a toujours détourné. L'excès de mon amour, que des esprits superficiels auraient pu prendre pour un vil souci de la conservation, a vaincu mon amour même. Je n'ai pas voulu faire la lâcheté de cesser de souffrir. Mon pauvre ami était d'un tempérament moins énergique. Un matin on le trouva qui se balançait au bout d'une corde dans son jardin. Cela sauva à son jardinier toute une récolte de prunes que les oiseaux ravageaient. A quelque chose malheur est bon. Par un suprême sentiment de convenance il avait englouti dans la poche de son gilet le bout de sa langue, qui lui pendait jusqu'au milieu du ventre, et rabattu sa chemise jusqu'à ses genoux pour qu'on ne vît rien du désordre de sa personne. C'était un homme extrêmement bien élevé. Il n'avait jamais même été plus élevé que ce jour-là. Il avait demandé, par testament authentique, à être incinéré. Il paraît qu'il charbonna affreusement dans son creuset, ce qui est, au dire des crémateurs, l'indice d'une nature inflammable mais contenue. C'est à ce caractère qu'était due sa mystérieuse et fatale résolution. Mais le point de départ avait été une partie musicale où sa fiancée jouait de l'instrument autosonore dont je vous ai parlé plus haut. Un petit ridicule de coquetterie ne fut pas non plus étranger à ce malheur. Car tout événement ici-bas à des causes multiples qui ne le déterminent qu'en se combinant suivant d'obscures et inexorables lois. Ce travers de mon malheureux ami consistait à se cirer violemment les moustaches pour leur donner plus de solidité dans l'aspect, et pous les effiler, aux deux bouts, en pointes tellement dures et piquantes, qu'on avait toujours la crainte qu'il vous crevât un œil en se retournant brusquement. C'était un Hongrois nommé Melchior Trouapipi qui avait inventé ce stuc improprement décoré du nom de pommade et dont la force adhésive aurait pu être employée à raccommoder les porcelaines.

Quant à la fiancée de William, miss Edith Levrett, c'était une délicieuse figure de *Kepscake* blonde avec des yeux bleus et ayant, pour tous les sports permis aux jeunes filles, un goût endiablé.

III

Et après un instant de silence, le colonel reprit :
C'était chez milady Tortill d'Effesford, un rendez-vous de noble compagnie s'il en fut. Réunion de choix où rien de schoking n'eût été toléré un seul instant. Dans un véritable bouquet de jeunes personnes de son âge, miss Levrett apparaissait comme l'épi le plus doré d'une gerbe. Elle avait l'éclat particulier qu'ont les Anglaises avant l'hymen, une blancheur de peau près de laquelle la neige et les lys eussent fait de l'ombre, une fraîcheur de plante sauvage avant que le soleil en eût séché la rosée ; puis les mensonges divins de la jupe et du corsage. La promesse de savoureuses rondeurs qui ne viendront pas. L'Anglaise est comme les fruits qui demandent à être mangés verts, ou comme les roses

qu'on doit cueillir en boutons. Le charmant parterre et le joli dessert que cette pétulante enfant pleine de grâces malicieuses ! Sir William qui était aussi, bien entendu, de la fête, la regardait avec des yeux fous.

Elle l'agaçait par mille taquineries délicieuses et jamais flirtation n'avait été plus ingénieusement variée. Ce jeu, qui a été vraisemblablement inventé par saint Antoine à qui son cochon conseillait moins de platonisme élégant, irrite les nerfs des étrangers, et vous autres, Français, vous y êtes particulièrement impropres. Mais les amoureux anglais, moins impatients que nous, en savourent, en gourmets, les douceurs. Ce soir-là, cependant, sir William s'était attiré un bien joli coup d'éventail sur les doigts. Ne n'était-il pas avisé de voler à sa fiancée un baiser sur la bouche, à la faveur d'un tour de valse qui les avait conduits, tournoyant, jusque dans un petit salon écarté ! Oh ! un effleurement seulement des lèvres, mais assez cependant pour que les siennes aient bu un peu de souffle de l'adorée. — Aoh ! William ! s'était contentée de faire celle-ci, en lui cassant sur le pouce le bijou japonais qu'elle tenait à la main. Et ils avaient continué de tontonner en silence.

Cependant, les danses terminées, un peu de musique fut demandée aux misses mélomanes qui toutes d'ailleurs avaient apporté leur surprise à ce concert faussement improvisé. Celle de miss Edith Arabelle consistait en un duo, avec son amie miss Jenny de Krott, un duo d'amour pour cornet à piston qu'elles devaient exécuter avec la bouche, accompagnées en sourdine par le clavecin. C'était une page pour cuivre tout à fait déchirante de passion et que les deux exécutantes étudiaient depuis un mois. Ce clou était impatiemment attendu. Sir William, frémissant comme une feuille automnale, demanda à tourner les pages de musique et cette faveur lui fut accordée. Une vieille tante de miss Jenny de Krott se mit au piano aux deux côtés duquel se tenaient les deux jeunes filles, droites et belloniennes comme des statues de la victoire. Quelques arpèges, *un poco animato*, sur les touches d'ivoire, un de ces préludes troublants qui ouvrent l'âme aux émotions tragiques et tendres à la fois. C'était miss Jenny qui commençait par une plainte pleine de langueur qui lui sortit des lèvres, immobiles et tendues en dedans, mélodieuse comme l'eau qui coule par une fissure. Miss Edith Arabelle devait y répondre par une explosion d'amour où s'affirmait la virilité d'une passion débordante — car elle représentait l'homme dans ce duo. Comme son amie, mais avec un bien autre développement pulmonaire, elle respira de quoi faire marcher un orgue pendant cinq minutes, s'emplit d'air jusqu'aux babines, gonfla celles-ci, en refermant la bouche pour que rien ne sortît, infléchit celle-ci en coup de sabre ou comme un arc qui se tend, et poussa... Mais aucun son n'imita la trompette. Fatalité ! Les lèvres de la jeune Anglaise où, dans le baiser de tout à l'heure, un peu de l'épouvantable pommade du Hongrois Trouapipi était resté, étaient hermétiquement collées, ne se prêtaient à aucune vibration, et, lourdes, s'étaient refermées comme le couvercle d'une tombe.

La physique a d'immortelles lois. La grande masse d'air engloutie par l'imprudente ne pouvait demeurer en elle, sous l'effroyable pression où l'emprisonnaient ses efforts. Fatalement elle chercha une autre issue. Le coup de trompette vint trop tard et ne vint pas d'où il était attendu. A cela près on n'avait jamais mieux fait, même à Jéricho. Les anges auraient pu demander l'adresse du fabricant pour leur fanfare du jugement dernier. Par un sentiment de pudeur qui l'honore, miss Edith Arabelle ne pensa même pas à boucher la note. Ce fut sec comme un coup de trique, impérieux comme une volée de tonnerre. L'effet fut foudroyant.

Sir William, atterré, se rappela l'histoire chevaleresque d'un gentilhomme français qui se dévoua dans une occurrence pareille et prit sur son dos ce qui sortait de celui de sa bien aimée.

— C'est moi ! c'est moi ! s'écria-t-il, moi seul ! (*me ! me ! adsum qui feci !* comme dit le poète.)

Et il se frappa la poitrine dans un *meâ culpâ* subitement hypocrite.

Il comptait sur l'élan de reconnaissance que méritait un tel acte d'abnégation. Mais celui-ci qui fait foi sur la générosité féminine est un sot. Ravie d'être tirée d'affaire, mais se souvenant avec rancune que c'était le baiser maudit qui l'avait ainsi ensorcelée :

Sir William, s'écria-t-elle, jamais je n'épouserai un malpropre !

Deux jours après sir William se pendait. C'est ainsi que ce qui vous vaut une récompense dans votre chevaleresque France est payé, dans l'ingrate Angleterre, d'un châtiment.

— Messieurs, une partie de whist? nous demanda en accourant gracieusement à nous la charmante comtesse Lefriand du Minet.

LE CHATIMENT

LE CHATIMENT

A Georges Moynet.

I

C'était un gallophobe de distinction que sir William Trouspett, un de ces Anglais de race qui s'enorgueillissent d'avoir eu, parmi leurs aïeux, ceux qui brûlèrent la Pucelle. Aussi le succès de notre Exposition avait-il particulièrement horripilé ce méchant voisin, et avait-il, dès le début, juré ses grands dieux qu'il n'irait pas grossir le nombre des hôtes de ce capharnaüm international, très encouragé dans sa résolution par le révérend Wesboum, son liseur ordinaire de Bible. Il déchirait avec fureur les journaux illustrés où était représentée quelqu'une des merveilles du Champ-de-Mars ou de l'Esplanade des Invalides. Les images de la Tour Eiffel le mettaient dans une particulière fureur.

— C'est par un triste retour sur lui-même, disait milady Trouspett, sa femme, sur un ton de mélancolique malignité.

Le fait est que sir William portait moins haut; d'aucuns même disaient qu'il ne portait plus du tout. Aussi, pourquoi, à soixante ans bien sonnés, avait-il épousé la charmante Pepa Sanz y Lcha, une Madrilène exquise en pleine maturité amoureuse, qu'il avait rencontrée en voyage? Parce qu'il en était épris, parbleu! Et comment la belle Pepa Sanz y Lcha avait-elle accepté un tel époux? Mais, sapristi, parce qu'elle était infiniment moins riche de numéraire que d'appas. Elle n'en était pas, d'ailleurs, la joyeuse créature, à son premier regret. Ceux-ci auraient été plus considérables et plus aigus si le baronnet Arthur Botumer, ami intime de sir William Trouspett, ne l'avait consolée dans la mesure, malheureusement restreinte, de ses moyens. C'était d'ailleurs un cocuage sans éclat que celui de notre ennemi naturel, un petit cocuage bourgeois et qui ne satisfaisait qu'à demi les exubérances d'Idéal personnelles à la belle Espagnole. Elle avait rêvé mieux que ce borgne suppléant d'un aveugle.

Elle n'en éprouva pas moins une joie très pure quand, cédant enfin à son instance pour venir passer un mois à Paris qu'elle n'avait jamais vu, son mari lui annonça que le baronnet serait son mentor et son compagnon de route. Qui sait ! l'air du boulevard donnerait sans doute un peu de montant à ce débonnaire amoureux ! Et puis, ce ne serait plus des tendresses à l'envolée, toujours inquiètes du retour possible du mari ou des trahisons du vertueux Wesboum, s'il découvrait jamais quelque chose. La liberté enfin dans de bons draps qu'on ne rouvre que quand on est bien saoulé de caresses ! Elle espérait une transformation de ce flegmatique dans des conditions meilleures à leur adultère intimité. Mais le passage de la Manche n'eut pas l'influence qu'elle espérait. Ce fut plutôt le contraire. Le baronnet, encore possible pour la guerre de tirailleur, était tout à fait insuffisant au choc d'une bataille prolongée. C'était, à proprement parler, un bidet d'occasion plutôt qu'un cheval de race. Il manquait totalement de fond pour un service régulier.

Charmant cicerone, d'ailleurs, et le meilleur camarade de jour qu'on pût rêver pour une femme. Du matin au soir, il la promenait parmi nos merveilles. Espérait-il sournoisement la fatiguer ainsi et lui procurer un sommeil exempt de fantaisies ? Peut-être. Mais la tiédeur de notre climat tenait les sens de l'impétueuse Pépa en éveil. Ces journées d'automne que traverse l'âme doucement exaspérée des fleurs qui vont mourir, où la musique des adieux, vague encore, hâte les baisers sur les lèvres des amants, où s'étire, dans de mortelles langueurs, le Désir pareil à un serpent qui sent que le froid va l'étourdir, ces journées pleines d'énervements délicieux dans les allées où vole l'or des feuilles mortes et l'agonie des orchestres en plein vent, faisaient milady Trouspett plus impatiente encore d'une réalisation plus parfaite de son rêve.

Mais il faut rendre cette justice au baronnet, qu'en dehors des accrocs qu'il tentait d'y faire personnellement, il veillait scrupuleusement sur l'intégrité de l'honneur de son ami. Egoïste qui défendait un gâteau dont il était à peine capable de grignoter les miettes ! Imbécile qui ne savait pas que ce que femme veut, le diable le veut encore plus qu'elle !

II

Arthur Botumer n'entendait pas un seul mot d'espagnol. Cela permit à sa compagne d'engager avec ses compatriotes auprès de qui elle était assise dans un des cafés africains de la rue du Caire, une conversation à laquelle il ne comprit pas un seul mot. Milady lui expliqua, il est vrai, ensuite, que cet hidalgo était un ami de sa famille qui l'avait vue toute petite et lui en donnait des nouvelles. Mais la vérité est que l'entretien avait fini par un bel et bon rendez-vous à l'hôtel même où le couple britannique était descendu et où l'Espagnol allait retenir une chambre incontinent. Cette incontinence était même sa seule excuse. Le caballero Fépipi Sanchez était un de ces faux toréadors dont nous sommes infestés. Il se disait de l'Ecole de Cordoue et contait qu'il avait mis à mal les plus beaux animaux des pâturages andalous. En réalité, ses plus beaux succès avec les bêtes à cornes avaient été contre les maris. Il ne s'attaquait pas systématiquement au mariage et gardait une part aux drôlesses. On sait avec quel éclat ces messieurs les toreros pratiquent la chameaumachie depuis leur arrivée dans nos murs. Fépipi Sanchez était un des plus brillants de ces matadors en chambres garnies. Les petits cadeaux ne révoltaient pas d'ailleurs son orgueil ibérique et il avait, du premier coup d'œil, guigné le superbe œil de chat, entouré de rubis, que l'Anglaise portait à l'annulaire et qu'il entendait bien faire passer à son petit doigt.

Et les choses se passèrent le plus simplement du monde. Un commissionnaire vint requérir le baronnet pour quelque affaire aussi imaginaire qu'urgente. Milady n'était pas habillée pour sortir. Il fallut bien la laisser à l'hôtel et, un instant après le départ précipité d'Arthur Botumer, celui-ci recevait, conjointement, avec sir William Trouspett également absent, le beau sacrement de cocuage, lequel a l'avantage, sur les autres, de se pouvoir administrer sans concours personnel du patient. Il fut sacré trois fois cocu en fort peu de temps, plus une fois cocu honoraire, l'officiant s'étant borné aux prémisses, agréables d'ailleurs, de la cérémonie. Le seul contre-temps fut que l'impétueux toréador oublia, sur le lit, sa belle ceinture de soie rouge qui s'y déroulait comme un fleuve de sang après une bataille.

L'objet frappa les yeux du baronnet quand il rentra. Vainement milady crut l'avoir dissimulée à temps à ses regards par une habile envolée du tissu, autour de ses propres reins sur lesquels retombait une élégante jaquette. Le baronnet eut l'esprit de sentir qu'il serait mal venu à faire de l'autorité pseudo-conjugale. Il ne dit absolument rien, mais enferma, dans sa poitrine, une épouvantable colère et des projets de vengeance vraiment indignes d'un gentilhomme, comme vous en pourrez juger tout à l'heure.

III

On devait quitter Paris le lendemain et il avait été convenu que l'ascension de la Tour Eiffel serait réservée pour cette pénultième journée. On la fit dans un demi-brouillard qui enveloppait, de sa poésie vibrante, tout le paysage, semblant un rideau transparent que des souffles mystérieux faisaient flotter sur les choses. Mais cette vapeur remontait et, à mesure qu'on s'élevait, le panorama de Paris, avec sa ceinture verdoyante de collines, et semblant retenu à la terre par la boucle d'argent que fait la Seine dans ses méandres, se dégageait de ses fumées et le grouillement de la grande ville était comme celui de la mer, quand la vague s'en retire, à l'heure des reflux. Un bruit confus en montait, comme d'un océan qui remonte et descend les grèves. La charmante Pepa était toute à la magie de ce spectacle et au mélancolique regret de ne plus revoir le volage Fépipi Sanchez, et cette rêverie allait délicieusement à sa beauté blonde dont l'or semblait comme avivé de pierreries par le soleil traversant enfin le voile déchiré des nuées. Si cet animal de baronnet l'eût regardée en ce moment, il lui eût pardonné sans doute. Mais non ! ce renfrogné était tout à ses méchants desseins, *quærens quem devoret*, j'entends : cherchant ce qu'il pourrait inventer pour punir cruellement l'infidèle. Un éclair mauvais passa tout à coup sous sa paupière velue. La débitante de tabac qui vend les glorieux produits de notre régie, dans un kiosque du second étage, buraliste aimable mais distraite quelquefois, machinalement, sans regarder son ouvrage d'un geste mécanique, estampillait sur ses genoux, à l'image de la Tour Eiffel, les paquets de *scaferlati* (c'est le nom scientifique du tabac qu'on appelle aussi *Petun* dans le dictionnaire de l'Académie) avec un timbre où cette image était gravée. Elle venait de raviver le ton des empreintes en pressant ce timbre sur un tampon colorant, quand adroitement, en vrai pick-pockett de race, tout en attirant l'attention de la pauvre femme par le choix d'un cigare, le baronnet lui chippa ledit timbre et l'engloutit rapidement dans sa poche, sans que milady Trouspett, qui pensait à autre chose, l'eût pu voir.

Et le soir, le soir même, au milieu d'hypocrites larmes et de rancunières protestations d'amour, dans la tiédeur alanguissante du lit, laquelle devait inspirer cependant la miséricorde, l'implacable Arthur Botumer appliquait sournoisement, sans qu'elle y fît attention, l'empreinte de la tour sur les fesses confiantes de sa coupable bien-aimée.

IV

Un châtiment en appelle un autre, d'après les lois inexorables du destin.

Il sembla à ce pauvre sir William Trouspett qu'il pourrait convenablement fêter le retour de sa femme. Celle-ci, non sans méfiance, se prêta à cette posthume fantaisie de vieil époux. Inconsciente du stigmate qu'elle portait au derrière, elle tendit celui-ci, dans un élan de fausse tendresse, aux baisers du gentleman qui, à la vue de la tour Eiffel en miniature, tomba foudroyé par une attaque d'apoplexie. Le lendemain, dans une lettre encadrée largement de noir, la veuve, moins inconsolable qu'Artémise, rappelait au baronnet que celui-ci lui avait promis solennellement et par papier authentique de l'épouser, quand les délais de rigueur seraient écoulés. Celui-ci fait une tête !... une tête qui n'est rien auprès de celle qu'il portera bientôt. Car sa future l'a prévenu que leur voyage de noces se ferait par delà des Pyrénées.

C'est bien fait.

LE VERRIER

LE VERRIER

I

C'était une désolation véhémente, pour le pauvre Alain Bistoquet, qu'il ne pût épouser la tant douce et précieusement belle Isabeau de Vessemeslée. Car celle-ci était certainement la plus parfaite demoiselle du pays, tant par la beauté de sa personne comparable à un jardin de roses et de lis, que par les charmes de son esprit, lequel était le plus éveillé du monde.

Et c'était un enchantement que de la voir sortir de vespres le dimanche, son missel sous son joli bras replié, et un grand ébattement des oiselets se mêlant, sur son passage, à la chanson des cloches, pour ce qu'elle semblait une madone descendue de sa niche de pierre pour faire quelque miracle en chemin. Et ce n'était pas une de ces madones mélancoliques pleurant déjà, sur le front d'un enfant, leur fils crucifié; mais une Vierge benoîte comme les dessinait Raphaël et dont l'âme séraphique avait pour logis terrestre de belles formes savoureuses et point mystiques du tout. Parmi les moineaux, dans les tintinnabulements de l'air et les rayons du soleil couchant inondant d'or la grand'place, Alain se confondait en extase devant cette admirable vision, et il se disait qu'il aurait fait un saint Joseph moins résigné que l'autre. Mais il n'en avait même pas le choix. Le père de cette douce Isabeau, le seigneur Gontran Lepet de Vessemeslée, était un hobereau très infatué de noblesse et n'entendant nullement que son gendre fût le fils d'un meunier. Le jeune Bistoquet avait beau posséder, de par l'héritage paternel, de beaux écus au soleil, cet entêté gentilhomme répétait partout qu'il aimerait mieux voir sa fille nonne que femme de ce farinier.

Isabeau pensait-elle comme lui? On pouvait ne le pas croire à la façon dont elle regardait son mélancolique galant, avec beaucoup de pitié — et même un peu plus peut-être que cela — dans ses beaux yeux aux lumières d'améthyste. Mais c'était une fille bien élevée et soumise, avant tout, à la volonté paternelle. Et cependant c'eût été grand dommage que cette admirable chevelure noire tombât sous les ciseaux et qu'un voile enveloppât ce doux visage pâle et rayonnant comme une lune de mai. Quel imbécile que ce vieux fils des croisés ! D'autant qu'il supportait lui-même sa misère avec une grande mauvaise humeur, et eût trouvé tout avantage à se faire entretenir par un beau-fils plus cossu que lui. Croiriez-vous qu'il en voulait à Alain de n'avoir pas eu d'ancêtres à la défense du tombeau du Christ ! Oui, il lui arrivait de dire : — Si l'animal avait seulement deux ou trois quartiers !…

Et tout le monde était ainsi malheureux par l'obstination d'un seul dans le plus stupide des préjugés.

II

Le temps passait tristement pour Alain qui n'avait même pas la consolation du travail, ayant vendu le moulin de son père. On le rencontrait au bord des rivières, regardant l'eau couler, ou bien marchant droit devant lui, dans les champs, sans se laisser même distraire par le vol sonore des alouettes, rêvant d'impossibles billevesées, se remémorant les traits exquis de sa bien-aimée, et n'en éprouvant qu'une douleur nouvelle de s'en sentir séparé pour jamais. Et les moutons le regardaient passer sans se fondre en gros pelotons de laine, sentant bien que c'était un innocent qui se promenait ainsi par leur pâturage, comme au temps de l'âge d'or où l'homme et les bêtes vivaient dans une fraternelle amitié.

Or, un jour qu'il cheminait ainsi à l'aventure, un bruit très joyeux l'attira vers un joli coin de bois, arrosé par une eau courante, comme il s'en trouve dans le beau pays d'Ariège où se passe cette aventure. Et c'est là, au bord de larges ruisseaux, dans un retrait d'ombre, que les modestes métallurgistes du pays installent leurs fourneaux et leurs enclumes d'où jaillit, dans la nuit, un grand effarouchement d'étincelles, tandis que de longs serpents de feu s'étirent sous les coups redoublés du marteau. Mais, pour cette fois, ce n'était pas une de ces rustiques forges dont s'était approché, sans s'en douter, notre désolé Bistoquet. C'était une humble verrerie où les ouvriers, cinq ou six bons compagnons tout au plus, célébraient la fête du benoît saint Cyriaque qui est, comme chacun le sait, patron des gens de leur état. Et la messe ouïe dévotement sur un autel dressé au pied de la montagne, maint pot de vin bu tout frais sortant de la cave, s'amusaient-ils entre eux, et le plus innocemment du monde, se contant de grasses histoires ou se tapant sur le derrière pour se faire rire.

Et, à moitié caché derrière une saulaie dont les pointes renversées égratignaient l'eau du torrent, Alain se prit à regarder avec envie ces laborieux travailleurs à qui la gaieté était si facile et qui ne portaient pas comme lui, au cœur, un inguérissable souci !

III

Un tonnerre de rires!

— Bravo! bravo! répétaient toutes ces voix joyeuses.

— Et pourquoi pas? disait Landry.

— Essayons tous! criait Simon.

— Vive Bernard! reprenait le chœur.

C'est que Bernard venait d'avoir une idée, d'imaginer un jeu nouveau qui varierait encore les distractions de la journée. Mais je suis fort embarrassé pour le décrire et ai-je grand besoin de vous rappeler que nous sommes au milieu de pauvres diables de fort médiocre éducation. Le diable m'emporte si j'oserais proposer jamais dans un salon une distraction pareille.

Comment vous la faire concevoir sans vous en dire trop long.

En vous apprenant, peut-être, que le travail des verriers se fait au moyen de leur souffle venant gonfler une bulle de verre liquide au bout d'une longue tige creuse qu'ils balancent ensuite suivant des rythmes modulateurs comme Dieu fit sans doute le monde. Beaucoup deviennent phthisiques à abuser ainsi de leur haleine naturelle, ou poussifs comme de vieux chevaux. Eh bien, Bernard venait d'inventer une expérience qui mettait les poumons à l'abri de ce danger. Il s'agissait de prendre ailleurs que dans la bouche le vent opportun qui fait le creux des bouteilles et les moule intérieurement suivant d'harmonieuses fantaisies. Avez-vous deviné, marquise ? Ah ! s'il vous plaisait de goûter un seul instant cet utile plaisir, je suis sûr que les plus adorables cristalleries de Venise et de Bohême sortiraient de votre... main ! Les vins y seraient plus parfumés qu'en aucunes autres.

Oui, voilà ce que ce poète de Bernard avait rêvé.

Et l'exécution de ce beau projet ne se fit pas attendre. Sur le feu terrible fumait le verre en fusion ; chacun prit son roseau de fer et, débarrassé de son haut-de-chausse, planta le bout dudit roseau là où il aurait eu grand'peine à le mordre avec les dents, puis commença de se contracter furieusement la bedaine et de s'essouffler du bas-ventre pour arrondir la perle où se mireraient tout à l'heure, à la fois, l'image de la Lune et celle du Soleil. Landry obtint le premier soupir ; Simon gâta tout par une maladroite fusée ; Bernard fit éclater le tube par excès de zèle.

Et Alain Bistoquet regardait toujours, et il lui arrivait, malgré tout son chagrin, de rire aux larmes ; et son enthousiasme, devant ce spectacle inattendu, prit de telles proportions que, n'y tenant plus, il s'élança de sa cachette et bondit au milieu des acteurs de ce drame éolien qu'accompagnait, comme c'est la mode aujourd'hui dans les théâtres, une adorable musique.

IV

Et se jetant aux genoux de Bernard :
— Monsieur, s'écria-t-il, au nom du ciel, permettez-moi d'essayer à mon tour !

C'est ainsi que les vocations se révèlent. Bernard releva avec bonté le nouveau-venu et ses compagnons l'entourèrent avec bienveillance. On lui chercha immédiatement une sarbacane à son embouchure et le tableau devint grandiose tout à fait. Le jour tombant, le feu semblait avoir bu les dernières flammes du soleil et, ses incandescences teignant en rouge tout ce qui l'entourait, le postérieur nu d'Alain apparaissait comme un Vésuve fendu en deux montagnes égales par la violence de l'éruption. Tel le soleil rouge d'automne se dédouble en deux hémisphères égaux, quand il monte à l'horizon d'un fleuve, circulaire et sans rayons, dans un rideau de nuées.

Les peines d'amour enfantent volontiers de mauvaises digestions. De plus, notre ami avait englouti le matin même un savoureux plat de cassoulet. Aussi était-il mis en haleine et son premier essai souleva-t-il d'unanimes applaudissements. Il parvint, en effet, à modeler une de ces grandes bonbonnes transparentes qu'on revêt d'osier pour y transporter le kirsch.

— Hurrah ! hurrah ! hurrah ! crièrent les ouvriers. Simon l'embrassa. Landry le força de boire dans son verre et Bernard de fumer sa pipe. Puis tous deux l'élevèrent sur leurs épaules comme sur un pavois et commencèrent de le promener autour de la petite usine, avec sa bonbonne entre les jambes, couronné de branches d'anis à défaut de laurier.

Le bonheur voulut que le noble seigneur Gontran Lepet de Vessemeslée passât par là, tenant sa fille en son giron, comme dit une chanson ancienne. Le vieux hobereau s'arrêta, interrogea, et quand il apprit que c'était Alain qui était l'auteur de ce microcosme de verre :

— Dieu soit loué ! mon fils, s'écria-t-il. Vous êtes gentilhomme, étant verrier, et ma fille est à vous ! Isabeau et Alain se trouvèrent mal à la fois. On les étendit sur l'herbe auprès l'un de l'autre pour qu'un seul baiser fût leur double réveil. Trois mois après, le fils du meunier épousait la fille du preux, et l'amoureux fervent obtenait du Roi le titre de Vidame Alain de la Bistoquette.

JUSTICE

JUSTICE

I

Dans le grand jardin provincial que dominait une coquette maison au toit de brique, le premier souffle d'automne avait rouillé les feuilles et mis dans l'air son mélancolique alanguissement. Les dahlias au cœur sans parfum trônaient dans leurs collerettes empesées et les roses trémières s'ouvraient, comme de roses blessures, au vol énamouré des bourdons. Un soleil pâle et déjà sur son déclin allongeait l'ombre dentelée des bordures de buis sur le sable des allées, qui semblaient ainsi plus étroites, et les ancolies balançaient leurs têtes vénéneuses au souffle que les haies avaient empli au passage de leur sauvage parfum. La chanson des oiseaux mourait dans les buissons, mêlée à un frémissement d'ailes qui se recueillent. Une dame de trente ans peut-être — mais elle en eut eu trente-cinq que je n'en eusse pas fait fi pour cela — suivait le contour des massifs, regardant chaque fleur avec des yeux caressants de propriétaire, échenillant par-ci, coupant une branche morte par-là, apportant enfin mille coquetteries aux soins de ce parterre. Et vous savez, mes gentils minets, qu'elle aurait eu trente-six ans que je lui eusse pardonné encore. Car c'était une avenante personne de tous points et aux chairs d'une incontestable et appétissante fermeté. Il y a des choses qui ne trompent pas, — c'est ce qui les distingue des hommes; — on n'a pas, sans corset, de ces reliefs-là sous un simple peignoir, sans qu'il y ait bon régal dans un garde-manger aussi bien rempli. Et un air avec cela ! un air dont la chanson eût été certainement : « Venez-en goûter, mon bon monsieur, et vous m'en direz des nouvelles ! » Oui, voilà ce que disaient nettement ses yeux : des yeux bleus et brillants bien noyés d'une pénombre bleue et dont les paupières délicieusement meurtries parlaient, tout à la fois, de souvenir et d'espérance.

Le fait est que madame Lantivesse était ce que nous appelons, nous autres les friands de la lame qui ne coupe pas, un rude tempérament.

Elle s'arrêta devant une anthémis qui jaunissait

et voulut aller puiser, avec un petit arrosoir, de quoi rafraîchir la plante malade, dans un grand tonneau soigneusement goudronné, enfoncé aux deux tiers dans la terre et qui servait de réservoir à l'hydrothérapie des fleurs.

— Allons ! pas d'eau encore ! fit-elle avec une évidente mauvaise humeur. Et elle se promit de mettre son jardinier à la porte le lendemain.

II

Il est toujours malséant, incongru et de médiocre mérite de faire cocu un honnête homme. Mais quand cet homme est doué d'autant de vertus que ce benoît Lantivesse dont cette dame rageuse était la moitié, le péché est mille fois plus grand encore. C'était, tout ensemble, l'honneur de l'humanité en général, et de la pharmacie en particulier. C'était un gaillard qui vous mettait, dans les médicaments, plus de la moitié de ce que prescrivait l'ordonnance, tandis que ses confrères ont coutume d'y fourrer simplement les poussières et les eaux grasses dont ils n'ont que faire chez eux. Tromper un tel philanthrope était certainement une infamie.

Eh bien, madame Lantivesse ne s'en faisait aucun scrupule, comme je vous l'ai d'ailleurs fait pressentir. Et un seul partenaire ne lui suffisait pas pour ce jeu coupable. Il lui en fallait deux, comme les gens qui jouent le mort. Deux galants lui étaient un menu à peine suffisant et les deux que je vous vais présenter étaient positivement sur les dents au moment où commence cette histoire.

Deux gars superbes cependant ; Buridan Mottefessier, le plus beau clerc d'avoué de la petite ville, et Boniface Pététin, qui jouait au billard comme personne. De physique très différent d'ailleurs, ce qui prouve que leur commune maîtresse appréciait le charme des comparaisons. Pététin était un maigriot et un nerveux, Mottefessier un sanguin et un grassouillet. Le premier s'asseyait sur une paire de pincettes et le second sur un potiron. L'un coiffait une aubergine et l'autre une pleine lune. Sans s'être précisément rencontrés jamais, ils flairaient un rival l'un chez l'autre et se détestaient cordialement. Pététin avec de basses jalousies de bilieux et Mottefessier avec des colères de violent qui lui fleurissaient des pivoines sur les joues.

Seul, le doux Lantivesse jouissait d'un calme d'esprit absolu. Il avait beaucoup de sympathie pour l'un et pour l'autre. Quand l'un ou l'autre de ces amis de la maison tombait malade, il lui administrait, en personne, les remèdes où excellait le doigté de M. Fleurant, affirmant que tous les clysos mécaniques du monde ne remplaceraient jamais cette action directe de la volonté et de l'initiative humaine qui met un peu de pensée dans tout ce qu'elle touche.

Moi, je crois qu'il avait raison.

III

Or, ce soir-là, Boniface Pététin achevait son amoureuse faction et il était temps vraiment. Car Buridan Mottefessier était déjà à son poste de sentinelle avancée. Il y avait deux portes au jardin, ce qui permettait à madame Lantivesse de faire sortir un de ses galants par l'une tandis que le second entrait par l'autre. Ainsi, comme Francisque Sarcey le prescrit au théâtre, la scène ne restait jamais vide. Mais voilà-t-il pas que notre Lantivesse, qu'on n'attendait que dans deux heures, rentre juste pour se trouver face à face avec Pététin, à l'heure où celui-ci se présentait.

Bien qu'il l'affectionnât beaucoup, comme je l'ai dit, la présence du clerc d'avoué chez lui à cette heure exigerait une explication. Pététin préféra l'éviter en se dérobant dans l'ombre. Mais Lantivesse avait entendu du bruit. Un voleur sans doute, dans le jardin ! Il en commença la poursuite à travers les allées rayées par de grandes bandes lunaires. Fort heureusement pour notre amoureux, il aperçut le tonneau vide dont nous avons signalé la présence et il s'y blottit, à croppeton, comme disait Villon, bien au fond. Pendant ce temps, le mari poursuivait son inspection. Mais ne trouvant rien, il reprenait le chemin de la maison et Pététin allait pouvoir s'échapper de sa cage de bois quand le tonneau fut subitement bouché par un corps opaque en occupant entièrement la circonférence.

— Ouf! disait en même temps une voix que Pététin reconnut immédiatement pour celle de Mottefessier.

Celui-ci, prêt à entrer en grand'garde, avait déjà retiré son haut-de-chausse, quand la rentrée inattendue du mari l'avait forcé à s'enfuir sans réintégrer cette partie de son armure. Lui aussi s'était mis à courir dans le jardin en évitant Lantivesse, en passant et en tournant autour des massifs en même temps que lui. Harassé par cette promenade, il cherchait un siège, quand les bords du tonneau lui apparurent comme une commode chaise percée que le ciel envoyait sur son chemin.

Et voilà comment il s'était laissé tomber de lassitude, bouchant hermétiquement, de son opulent postérieur, l'abîme sans péril où l'attendait un salutaire repos.

Fort inquiet d'abord sur les intentions du nouveau venu, Pététin s'apprêtait à protester. Mais il comprit bientôt que le danger n'était qu'imaginaire. Une simple canonnade à poudre, causée par l'émotion, le confirma, un instant, dans ses premiers soupçons. Il se tâta, s'assura qu'il n'était pas blessé, et en conclut que ce n'était qu'un exercice de grande manœuvre, un jeu militaire, une expérience d'artillerie à blanc. Il avait une forte envie de pincer ce bouchon vivant. Mais la salutaire et honorable pensée lui vint qu'il compromettrait irrémissiblement madame Lantivesse en révélant sa présence dans le tonneau. Alors, comment se débarrasser de cet obturateur animé et sonore ? Pététin se rappela comment on enfumait les renards. Il prit un journal dans sa poche, y mit le feu avec une allumette et compta sur la désagréable chaleur qui en résulterait pour Mottefessier, se disant que celui-ci ne saurait manquer de déguerpir.

O fatale ignorance des lois éternelles de la physique! Et la théorie de la ventouse, triple bourrique de Pététin que tu es!

L'air se raréfiant immédiatement dans le tonneau qui, je l'ai dit, était hermétiquement clos par une solide couche de goudron, le malheureux Mottefessier se sentit immédiatement collé à son siège par une force mystérieuse. Le vide le happait positivement. Il aurait bien voulu se sauver; car il avait terriblement chaud au derrière. Mais il lui semblait qu'un poids de cinq cents kilos s'était abattu sur lui et le cercle de bois entrait violemment dans ses chairs tuméfiées et rouges au dedans comme une immense tomate. Et mon Pététin, à qui l'air manquait pendant ce temps-là et dont les cheveux grésillaient, croyez-vous qu'il fût à la noce? Quand le papier eut fini de brûler, il lui restait juste de quoi ne pas être totalement asphyxié et Mottefessier continuait de fermer le vase aussi solidement qu'à l'émeri. Ils durent rester ainsi jusqu'au lendemain matin, sans se permettre la moindre réflexion et jamais ils ne passèrent une si mauvaise nuit.

Ce fut le bon Lantivesse qui les délivra en venant, à l'aurore, saluer dans son jardin le lever du jour. Sans leur demander comment ils se trouvaient là et n'obéissant qu'à ses instincts d'humanité, il fit un trou dans le tonneau entre les jambes de Mottefessier. L'air rentra si vivement que celui-ci fut projeté, comme un obus, jusque par-dessus la haie, ce qui lui évita de fournir aucune explication à son libérateur. Pététin prétendit qu'il était là par erreur et, qu'un peu gris, — il en convenait, — il avait cru se coucher dans son lit. L'excellent apothicaire lui donna tous les soins qu'exigeait sa santé, notamment un clystère au gaz de guimauve carbonisée, émollient à ravir et qui rétablit ses fonctions respiratoires sur tous les points.

CONTE MARSEILLAIS

CONTE MARSEILLAIS

I

Les melons ont fait, depuis quelques jours déjà, leur apparition aux devantures des coûteux marchands de comestibles, et bientôt les verrons-nous rouler dans les charrettes à bras, mêlant leur arome à celui des roses plus rares déjà, dans ce cahotement de potagers et de jardins ambulants que promènent, devant eux, un tas de pauvres diables, sur le pavé de Paris.

J'ai, pour le melon, une sympathie dont je ne

rougis pas. Je l'aime pour son goût qui est délicat et aussi pour sa forme qui me rappelle l'immortel objet de mes adorations, ce tant glorieux derrière féminin auprès de quoi tout est vanité dans ce monde. J'en ai vu qui faisaient illusion et l'eau m'en vient encore à la bouche. Il y a néanmoins, entre eux, cette différence que beaucoup de dames portent là tout leur esprit et que le melon passe pour en être absolument dénué. Aussi n'est-ce qu'une simple analogie que j'ai signalée en passant. Au plus admirable cantaloup je préfèrerai toujours un séant, savoureux comme j'en sais, sous des cloches que les lingères appellent jupons et qui malheureusement ne sont pas de verre.

Et maintenant vous savez pourquoi je mets cette véridique histoire sous le patronage de la plus aimable des cucurbitacées, dans le seul but de saluer sa venue parmi nous.

II

A Marseille, où l'on s'y connaît, les plus estimés sont ceux de Cavaillon, dont la culture se fait sur une grande échelle, pour employer une des images les plus impropres qui se puissent rêver. C'est merveille d'en voir arriver de belles charretées conduites par des gars aux cheveux noirs, de sang bien latin et de patois bien frotté d'ail. Ceux-ci les amènent chez les fruitiers en gros qui les débitent à leur tour aux petits marchands établis dans les kiosques. Tout cela se fait gaiement, comme toutes choses dans le pays du soleil, avec de grasses plaisanteries, sous le sourire mouillé d'huile d'olive des belles filles aux lèvres luisantes, aux yeux sombres qu'éclaire une seule étincelle, aux petites mains brunes et adroites, aux reins bien cambrés, provocantes et railleuses. Telle était, entre autres, Florence Guilledou, la servante du benoît Marcellus Ventesque, un des plus copieux fabricants de produits frelatés qu'on pût citer aux environs de la Canebière et qui, dans la saison, ajoutait le commerce des fruits à tous ceux qu'il exerçait durant le reste de l'année.

Or, maître Marcellus Ventesque, un petit homme gros et coléreux, tempêtait violemment devant sa boutique, gesticulant comme un diable à qui on aurait fait prendre un lavement d'eau bénite. Il sacrait comme un païen ; et il y avait franchement de quoi ! N'attendait-il pas, depuis le matin, une fourniture considérable de melons de Cavaillon dont il avait manqué la vente toute la journée ! En vérité, les paysans d'aujourd'hui ne savaient plus le respect dû aux citadins ! Le temps était meilleur, troundelaire ! où ces grossières gens étaient battues et branchées à la moindre incartade. On verrait bien, tout à l'heure, comment il traiterait le drôle dont la négligence lui coûtait si cher ! Et il vous bousculait Florence qui n'en pouvait mais et il faisait un vacarme dont la rue tout entière était assourdie.

Tout à coup, un bruit de chariot au coin de la rue. C'est la cargaison attendue qui arrive enfin !

une imposante pyramide de melons branlants, quelque chose de pareil à un immense jeu de boules. A la tête du cheval, un garçon de belle mine, mais tout trempé de sueur, marche tête basse. C'est lui qui est cause du retard, ayant flâné en chemin et s'y étant même arrêté dans un blé épais avec une passante de son goût. Car j'en sais qui aiment le frisson de ces rideaux d'or autour de leur tête, et en mêlent volontiers la musique à celle des baisers.

— Attends un peu! fait Marcellus furieux, tandis que l'attelage s'approche.

III

Après avoir égrené un chapelet d'injures sur la tête du malheureux, le vindicatif fruitier conclut en ces termes :

— Je te défends, drôle, de décharger ta voiture avant demain matin. Tu coucheras où tu voudras et ton maître, en ne te voyant revenir qu'un jour après celui où il t'attend, apprendra ta conduite! Et c'est avec ton propre fouet qu'il te corrigera!

Aristide, tout à fait inquiet, demanda sa grâce. Car ainsi se nommait, comme l'homme le plus juste de l'antiquité, ce jeune charretier. Mais M. Ventesque fut inflexible. La belle étoile était la seule enseigne du gîte qui convînt à un pareil vaurien.

Aristide était absolument navré de cette perspective. Il l'eût été moins certainement s'il avait surpris le regard bienveillant et significatif de Florence qui, en suivant ce débat d'un air indifférent, ne le quittait cependant pas des yeux. Dans ce regard il eût lu la pitié d'une bonne fille qui, pour rien au monde, n'aurait souffert qu'un beau garçon passât toute une nuit sans autre lit que le pavé.

Elle avait mieux à lui offrir assurément et il avait tort de se tant affliger d'une aventure qui allait tourner, pour lui, à un avantage inattendu. Elle laissa bravement passer l'orage et M. Ventesque rentrer majestueusement chez lui, en donnant l'ordre qu'on fermât huis et volets de la maison. L'honnête servante obéit, mais non sans avoir eu la précaution de faire entrer sournoisement Aristide devant elle, en lui posant le doigt sur la bouche pour être sûre qu'il ne pourrait faire quelque cri de surprise intempestif. Jamais bergerie ne s'était plus volontiers ouverte à un loup. Et c'est dans sa propre chambre qu'elle conduisit le coupable, pour une expiation que vous avez devinée déjà et qui n'est pas pour faire peur à des gens de bien comme nous. Car il n'est pas de crime que je ne sois personnellement prêt à commettre pour braver un tel châtiment. O belle guillotine d'amour qu'ont chansonnée les poètes grivois du siècle dernier, heureux qui monte tes marches de marbre rose, comme les escaliers de Trianon, merveilleuse invention d'un Dieu philanthrope, instrument du plus exquis des supplices! Comme tu me fais concevoir la soif du martyre! Et je n'ai pas d'horreur non plus pour la pendaison à un cou de neige vivante, avec un ciel étoilé au-dessus de ce Montfaucon délicieux!

14.

IV

Mais, pour boire, même à la coupe du martyre, faut-il encore avoir soif. Notre excellent Aristide, que vous aimez déjà comme un frère, s'était, comme je l'ai insinué avec ma délicatesse habituelle, désaltéré dans la journée... vous savez, à cette belle coupe d'or, que lui avait tendue le champ de blé. De plus le souci de son incartade et des reproches que son maître lui ferait le lendemain ne lui mettait pas l'esprit à la bagatelle, comme disaient familièrement nos pères.

Me fais-je suffisamment comprendre? Il était comme un chanteur qui ne se trouve plus de voix au moment où on lui demande une romance, comme un soldat qui marche au feu sans cartouches dans sa giberne, comme un pêcheur distrait qui a oublié ses amorces sur quelque petit rocher de mousse, comme un pauvre diable qui fouille en vain dans sa poche pour y trouver de quoi payer son écot.

Et l'hotelière attendait impatiente, j'entends la douce Florence, qui entendait bien que sa bonne action reçût, dès ce monde-ci, son salaire et en belle monnaie de caresses amoureuses dont elle était friande à l'excès. Mais, en dépit du proverbe, il est pire sourd que celui qui ne veut entendre, c'est celui qui ne peut pas. L'ouïe dont il s'agit n'est pas de celles qu'on recouvre tout de suite après l'avoir perdue. Je ne voudrais insister ni sur la ridicule situation de ce garçon, ni sur le désenchantement de cette aimable fille que le ciel payait si mal de sa bonté. Donnez-moi pareille hospitalité, Marquise, dans la même solitude des draps parfumés par un jeune corps comme le vôtre, sous l'enchantement des silences de la nuit, et j'espère vraiment me montrer moins ingrat. Aussi suis-je un gentilhomme de lettres et non point un simple conducteur de chevaux, comme ce malheureux drôle qui avait perdu ses brides en route.

Avec le plus pur accent national, une voix claire comme celle des fauvettes babillardes, sur un ton dépité comme celui d'un avocat qui sent sa cause perdue :

— Eh! mon bon, què fas? dit-elle à Aristide qui, très simplement, répondit :

— Tes? Vendi deï melouns!

A quoi elle reprit toujours dans le même idiome musical :

— Lou sabi; — puis, en bon français : — Mais ça sera pour aujourd'hui ou pour demain?

— Pour demain. Le patron le veut ainsi, conclut sans se troubler Aristide qui pensait à autre chose.

Et sa réponse n'en était pas moins bien sage comme cela. Mais le patron dont il s'agit, c'est l'Amour, dont les caprices sont infinis, dans cette matière, et qui nous force si souvent à remettre ce qui nous semblerait si doux à l'instant!

LE NOUVEL HYMETTE

LE NOUVEL HYMETTE

I

— Enfin! tu m'aimes! m'écriai-je avec une joie farouche.
— Pan!
C'était un soufflet qui tombait sur ma joue.
Un singulier dialogue, n'est-ce pas? Je vais vous en dire le secret bien vite.
J'aimais et j'avais peur de ne pas être aimé. J'ai toujours grand'peine à m'imaginer qu'une femme

vraiment belle daignât avoir pour moi plus que de la pitié. Or, Véronique était belle entre toutes, avec son noble front casqué d'ébène par une invraisemblable chevelure, et ses beaux yeux où mouraient des lueurs violacées de ciel d'orage; sa bouche, mignonne coupe de rubis où quelques gouttes de lait étaient restées; son menton grassouillet que traversait une fossette légère comme un vol d'hirondelle. Puis un corps charmant à l'avenant de ce charmant visage : une gorge impertinente de fermeté où de petites veines d'azur couraient dans la blancheur vivante du marbre, et des reins polis vers lesquels semblaient monter deux vagues jumelles comme les flots viennent baiser l'usure luisante d'un rocher. O belles vagues qu'un vent intérieur soulève, que les tempêtes sont douces à qui vous affronte ! que ne me puis-je engloutir dans l'abîme nacré qui vous sépare !

Ah ! Véronique ! Véronique ! mal m'en prend de me rappeler vos appas !

Malgré que ces trésors me fussent accordés avec une princière munificence, ma tendresse n'en était pas moins un martyre. Véronique était généreuse avec moi, rien de plus. Comme Pygmalion, je rêvais en vain d'animer cette belle statue dans mes bras. Ses résignations affectueuses ne me suffisaient plus. Je la voulais à moi comme je me sentais à elle.

Et voilà pourquoi, jugeant l'atmosphère des villes peu propice au feu dont je voulais allumer la première étincelle, je l'avais conduite en plein bois, au bord d'une source, dans un décor d'idylle qu'emplissait l'arome grisant de mille fleurs sauvages, où passait la chanson des oiseaux dans un voluptueux tressaillement d'ailes au milieu de la nature, fière déesse qui, comme Diane, porte un carquois tout chargé des flèches aiguës du désir.

Dans ce temple dont le dôme verdoyant caressait nos fronts de la fraîcheur de son ombre, je l'avais doucement poussée sur un autel de mousse... O merveille! son étreinte avait enfin répondu à la mienne, une étreinte désespérée et d'où sortait un sanglot, presque douloureux de bonheur, que ma bouche avait bu comme un vin qui réconforte.

Et je m'étais écrié, ravi : — Enfin, tu m'aimes!

Et une énorme gifle m'avait répondu.

Puis des aïe! aïe! aïe! et un grand air de colère sur le visage. J'admirais malgré moi cette pudeur révoltée :

— Fichu maladroit! me dit-elle. Vous m'avez assise sur des orties!

II

Et c'était vrai! c'est à la douleur causée par cette herbe impertinente que j'avais dû seulement l'illusion de mon bonheur. Et Véronique continuait de gémir et de me maudire, durant que je constatais respectueusement les désordres causés par ce divan intempestif. Une rougeur générale constellée de petites cloches blanches, le microcosme des étoiles perçant la pourpre vibrante du couchant. On eût dit que les belles vagues dont j'ai parlé tout à l'heure se composaient de perles mêlées à une poussière de corail.

— Pauvre ange! m'écriai-je. Pardon!

Et, comme le mauvais soldat de Gédéon, qui poussait le sybaritisme jusqu'à puiser de l'eau au creux de sa main pour boire, je me précipitai vers la source voisine et j'en apportai un peu de fraîcheur qui me glissait, entre les doigts, en longues lames d'argent. Mais le remède ne fit qu'aviver le mal. La brûlure du froid s'ajouta à celle des piqûres. Véronique sanglotait et je me sentais le cœur fendu comme si la pesante framée de Clovis s'y fût abattue.

La souffrance devenait intolérable. Le village était loin et le village ne possédait pas d'apothicaire peut-être. Il fallait cependant appeler au secours. Je décidai Véronique à faire quelques pas et, pour éviter que le frottement de sa jupe n'en fît pas la sœur douloureuse de Nessus, je soulevai cette lingerie et marchai derrière elle comme si je portais un dais au-dessus d'un saint-sacrement. Sans doute étais-je très ridicule ainsi, mais je me serais livré à la moquerie du monde entier pour l'amour d'elle. Et je suivais dévotement cette tant précieuse relique et la contemplais d'un regard plein de remords.

Enfin! une jolie maison nous apparut sur la route, une bourgeoise villa qu'entourait un beau jardin. Mais une vieille sempiterneuse qui balayait devant la porte nous reçut fort malhonnêtement. J'allais envoyer au diable cette bourrique sans cœur quand un charmant visage de femme apparut à la fenêtre, et une voix très douce dit, en même temps, sur un ton de reproche :

— Victoire, pourquoi traitez-vous si mal ces pauvres gens ?

Et elle ajouta :

— Attendez un instant, monsieur et mademoiselle, je descends.

Un instant après, cette très avenante personne nous avait fait entrer et, avec toute la pudeur de langage qu'exigeait le sujet, je lui avais conté le cas de Véronique.

— C'est à merveille, fit-elle. Nous venons de faire précisément des confitures de groseilles et rien n'est meilleur pour les brûlures. Vous allez être, ma belle enfant, soulagée en un instant.

Et, nous faisant monter tous les deux dans une chambre d'ami, elle y apporta bientôt, elle-même, un pot de confitures presque en sirop encore, mais qui répandait un délicieux parfum. Couchée sur le ventre, dans un bon lit fleurant la lessive fraîche, Véronique reçut le cataplasme sucré dont je n'eus jamais si grande envie de me lécher les doigts.

— Laissons-la maintenant se reposer un peu, me dit mon hôtesse, il faudra donner à ces confitures un autre tour de cuisson.

Et après avoir donné des ordres dans la cuisine, elle m'entraîna dans le jardin, lequel était le mieux soigné du monde, avec des allées bordées de roses trémières au cœur déchiqueté par les bourdons.

III

— Nous aurions pu aussi employer le miel, me dit-elle, car j'élève aussi des abeilles. Voulez-vous les venir voir ? Et je l'accompagnai encore jusqu'au fond de ce joli parterre où plusieurs ruches s'élevaient dans un insensible frémissement d'ailes.

— Faites attention, me dit-elle, voici une ruche qui va émigrer, prenons garde de ne pas nous mettre sur son passage.

Nous reculâmes derrière un large poirier, et je vis, dans la transparence du feuillage, un spectacle digne vraiment des Géorgiques, une poussière vivante d'or montant en un long tourbillon, comme un monde d'étoiles infiniment petites, et que peupleraient des âmes, se dispersant et s'élevant dans la tiédeur traversée de lumière de l'azur.

Et, comme nous suivions des yeux, ce nuage animé :

— Ah ! mon Dieu ! mon Dieu ! dit-elle.

Et elle me montra que ce tourbillon d'insectes dorés, après avoir un instant cherché sa route, s'engouffrait dans la fenêtre ouverte de la chambre où reposait Véronique.

— Oh ! pauvre derrière de mon amie, m'écriai-je, la Nature entière s'acharne donc aujourd'hui contre toi !

Et, un pressentiment fatal me guidant, malgré les supplications de mon hôtesse qui paraissait disposée à m'offrir un emploi plus aimable de mon temps, je montai vers la pièce envahie dont j'entr'ouvris l'huis avec infiniment de précaution.

Un spectacle vraiment merveilleux était sous mes yeux, merveilleux et terrible à la fois.

Véronique dormait toujours, tant il lui était venu de lassitude de son accident, et tant cet admirable remède l'avait immédiatement soulagée. Elle dormait, montrant au ciel la double colline où les groseilles avaient si inopinément refleuri, et comme sur un nouvel Hymette, le vol de l'essaim s'y était abattu, tous les aiguillons rentrés sous le velours du corselet et toutes les antennes tendues vers cette débauche de sucre dont le hasard l'avait attiré de loin. Car ces laborieuses bêtes prisent fort nos épiceries humaines et quand elles trouvent l'occasion d'échanger leurs propres produits contre les nôtres, elles n'y manquent jamais. On voit bien qu'elles ignorent les fraudes dont notre commerce de produits coloniaux est l'objet!

C'était, à vrai dire, un tableau stupéfiant et d'une idyllique poésie. Ah! si j'avais été abeille, comme j'aurais été rejoindre mes sœurs sur cette montagne!

IV

Puis une terreur subite me prit. Si Véronique se réveillait! Le moindre mouvement et les abeilles, croyant à un tremblement de terre, se seraient cramponnées, avec leurs innombrables petites pattes velues, au velours déjà suffisamment compromis de sa peau. Quelques-unes-même, pour se donner plus d'assiette, et pareilles aux Tartarins alpestres qui enfoncent dans le roc leurs bâtons ferrés, auraient sans doute tiré leur dard pour s'en faire un point d'appui. Le péril était imminent, effroyable... il fallait à tout prix prévenir un malheur.

O contempteurs des belles-lettres grecques et latines, réformateurs imbéciles des glorieuses études d'antan, vous qui voulez voler à nos enfants la sainte mémoire d'Homère et de Virgile, faux universitaires sur qui devrait s'écrouler le dôme de la Sorbonne où chante encore l'écho séraphiquement suraigu de la voix d'Abailard, détestables ouvriers de la ruine où les saints idiomes d'Athènes et de Rome emporteront notre langue déshonorée, émasculateurs de la jeunesse qui ignorera les viriles leçons de Platon et de Brutus, oyez que toute pratique est dans les enseignements des poètes que vous voulez proscrire et à quel point ces nobles génies ont su mêler l'*utile dulci !*

La divine fable d'Aristée me revint dans l'esprit avec sa belle musique de dactyles et de spondées. Je me rappelai que le bruit du cuivre attirait immédiatement les abeilles. Je refermai sans bruit la porte, je me ruai dans l'escalier, puis dans la cuisine où seulement je pouvais espérer trouver des vases de ce métal sonore. Une grande bassine se trouvait devant moi. J'y envoyai un formidable coup de pied sans m'apercevoir que la vieille sempiterneuse qui nous avait reçus était derrière.

O juste châtiment du Dieu qui préside aux saintes hospitalités ! La coquine poussa un cri épouvantable. Les confitures qu'elle était en train de faire recuire, sur l'ordre de sa maîtresse, lui avaient, brûlantes, jailli au visage. Mais le cuivre avait sonné. Tout l'essaim, immédiatement envolé de la chambre de Véronique, entrait par la fenêtre de la cuisine et s'abattait sur le faciès encassonnadé de cette fée Carabosse.

Sans m'en occuper un instant, je remontai à la chambre de Véronique. Nous prenions, une heure après, congé de notre hôtesse, celle que j'aimais se sentant absolument soulagée. En retraversant le grand bois un remords la prit du soufflet qu'elle m'avait donné.

— Pauvre chéri ! fit-elle, un bon baiser l'effacera.

Et, à son tour, elle me prit dans ses bras, en tendant ses lèvres vers ma joue. Mais à mon tour, je poussai un faible cri, presque un sanglot.

— Que ma tendresse te fait de bien ! me dit-elle.

Je t'en moque ! c'était une gredine d'abeille qui, je ne sais comment, s'était introduite dans mon pantalon.

Et voilà comment nous trompent souvent les délicieuses grimaces de l'Amour !

FEU D'ARTIFICE

FEU D'ARTIFICE

I

D'aucuns me trouvent rétrospectif pour ce que mes histoires sont de tous les temps plutôt que d'hier seulement et que je me soucie fort peu d'être mon propre contemporain. Or donc, je me suis juré, pour satisfaire ces difficiles, d'être actuel aujourd'hui et je jure, devant eux, que la date de ce conte est celle du 14 juillet dernier, voire que cette véridique aventure a, tout au plus, une semaine.

Donc, M. et madame Bonestat, grainetier et grainetière retraités occupant une délicieuse villa à Brunoy, — car ces bien chanceux de commerçants nous volent si bien, qu'ils font tous fortune, — avaient annoncé à leurs domestiques qu'ils iraient passer à Paris cette tant bruyante soirée, dont on fête l'anniversaire de la prise de la Bastille pour remplacer l'anniversaire de la naissance d'un souverain. Ainsi faut-il toujours que le peuple godaille une fois l'an, tout son saoul, pour qu'il aime les institutions de son pays.

Aussitôt, Baptiste le cocher, et Clément le valet de chambre, Césarine, attachée à la personne de madame, et Victoire, la cuisinière de monsieur, avaient projeté de donner, chez leurs maîtres eux-mêmes, un petit raout aux laquais du voisinage, comme cela se pratique entre gens de maison quand les patrons ont tourné le dos.

Il faut voir comme ce quart de monde s'en donne et les belles lampées de vin vieux qu'il s'accorde en ces rares occasions où revit le souvenir des antiques saturnales ! Les invitations furent immédiatement lancées dans les villas voisines. Le joyeux complot s'organisa avec des mots jetés au passage, en ayant l'air d'aller en commission. Eh ! parbleu ! ce serait un pique-nique ! On souperait aux frais des absents, on danserait, et enfin ? suprême attraction, on tirerait un feu d'artifice sur la pelouse.

Baptiste, qui avait été ouvrier d'artillerie, pendant son passage au service, s'entendait à merveille à ces pyrotechniques divertissements. Aussitôt ces choses convenues, il avait fait une belle provision de poudre et de fulminate, se sentant fort capable de jouer les Ruggieri. Puis, son travail achevé, il s'enfermait dans sa chambre, élaborant des bombes, des marrons, des pluies d'or, des soleils et surtout une pièce montée, avec inscription devant s'éclairer tout à coup dans une pétarade, sur laquelle il comptait absolument pour divertir l'assistance.

Cette merveille était son secret et, à tous, il l'annonçait avec un grand air de mystère. Quel serait ce Mané-Thécel-Pharès subitement visible en lettres de feu? Toute la valetaille du quartier en était inquiète. On en chuchotait dans les antichambres.

Enfin le grand jour arriva où, fils d'une libre patrie, nous célébrons la démolition d'une forteresse que nous avons remplacée par une cinquantaine de prisons, ce qui permet d'enfermer aujourd'hui bien plus de monde qu'autrefois.

II

Ouf! la voiture dont l'essieu criait sous leur double rondeur, a emporté ces maîtres insupportables. M. et madame Bonestat sont en route pour Paris, en route dans une façon de fiacre; car ils entendent ménager leurs propres chevaux. De chez tous les maîtres également partis on vient sournoisement avec de petits éclats de rire étouffés. Et tout aussitôt la fête commence. Victoire et Césarine ont dressé le couvert en un clin d'œil, et Clément a déjà dévalisé la cave. C'est partout et jusque dans le jardin, où la table est servie, un murmure délicieux de beurre dans les casseroles et une fine odeur de volailles pleurant dans la lèche-frite leurs savoureuses larmes.

Et le repas fut gai, je vous en réponds. Les mains impatientes lâchaient les fourchettes pour se prendre aux tailles, et les pieds causaient ferme sous la nappe, et les genoux aussi et les cuisses qui mêlaient leurs tiédeurs indiscrètes. Vous savez que je n'eusse pas dédaigné d'être invité à cette agape. Il y en avait de charmantes parmi ces filles de chambre et qui fleuraient impudemment les parfums de leurs maîtresses volés au cabinet de toilette. J'ai beau avoir un préjugé contre les personnes de service, au point de vue de l'amour, c'est toujours quelque chose d'exquis qu'une gorge ferme et un fessier plantureux, rebondissant sous la caresse. On en mit à sac pas mal pendant cette cène domestique, et ce n'est pas ce qu'on y fit de plus sot.

Après les plaisanteries de bon goût que la fumée du café emporte, Baptiste monta mystérieusement dans sa chambre, suivi de tous les regards curieux. Il en redescendit bientôt avec toute sa pyrotechnie et commença de l'installer sur des baguettes, que Clément enfonçait en terre aux endroits indiqués. Durant ce temps, Césarine et Victoire, qui étaient des personnes laborieuses, se faisaient prendre un tas de choses agréables dans les bosquets voisins. Car la nuit descendait, déjà plus hâtive d'une heure, de par la volonté du calendrier, souriante d'ailleurs dans son beau cortège d'étoiles, et portant, dans ses ombres, l'âme des fleurs mourantes et la musique des eaux apaisées, ce doux recueillement de toutes choses qui invite aux délices de l'amour.

Par-dessus les arbres, une fusée lointaine venait, de temps à autre, s'éteindre et des plaintes de violon qu'on afflige montaient d'orchestres campagnards disséminés par la grande réjouissance publique. Par une lucarne ouverte dans une muraille flottante de petites nuées, la Lune contemplait ces terrestres constellations mêlées à l'imperceptible rayonnement des lucioles perdues dans les hautes herbes.

Ayant mis en place la grande pièce, dont l'incendie devait précéder le bouquet, Baptiste était en train de poser un énorme feu de Bengale sous un massif, quand un coup de sonnette retentit.

Grand silence. Césarine a couru regarder à un judas.

— Sauve qui peut! fait-elle à demi-voix. C'est monsieur!

On se précipite à la petite porte du jardin, on enjambe même un peu les haies. En une seconde, tout le monde a disparu et aussi la table, violemment enfoncée dans la remise.

Il était temps. M. Bonestat faisait son entrée et, silencieux, se dirigeait précisèment vers les ombrages si bruyants encore un instant auparavant.

III

Et M. Bonestat était seul. Et M. Bonestat avait la figure sensiblement bouleversée, ce qui ne veut pas dire qu'il fût devenu joli par ce changement subit de ses traits. Quelle tarentule vous a piqué, paisible marchand de millet ? Votre mal est-il quelque colique sournoise dont vous avez désiré isoler les indiscrétions ? Point ! Alors c'est la jalousie qui vous aiguillonne ? Vous n'en êtes que plus à plaindre, morbleu !

Moïse portait au front deux cornes de feu qui éclairaient les montagnes bibliques. Je sais des maris qui en ont de pareilles, mais qui rayonnent intérieurement. C'est ce qu'on appelle des traits de lumière. Or, au beau milieu de l'illumination des Champs-Élysées, dans la grande foule qui cheminait, lente, entre deux chapelets de perles lumineuses, étendant jusqu'au pied de l'Arc de Triomphe la monotonie de leurs grains identiques, un de ces éclairs jumeaux avait jailli sous le crâne de M. Bonestat. Sa femme avait tout à coup disparu et il lui semblait qu'un acte volontaire était au fond de cette absence. Si nombreux que fût le populaire en cet endroit, il fallait une bonne volonté évidente pour s'y perdre. Et le double crayon de flamme précipitait ses hiéroglyphes dans son cerveau. Il se rappelait maintenant que son voisin de campagne, le major suédois Etelred, avait crié très haut qu'il ne serait pas chez lui ce soir-là. Or, le major faisait manifestement la cour à madame Bonestat qui, comme je l'ai dit, était une personne dodue et bien appétissante encore, blonde comme les femmes de sa propre race, avec cette saveur normande faite d'un éblouissement de santé, qui ne paraît commune qu'aux imbéciles, une belle créature au demeurant, et qui méritait bien les hommages d'un militaire étranger qui, pas plus qu'elle, n'avait l'âge de Virginie, n'avait celui de Paul.

C'était maintenant comme un foyer de lumière électrique sous le chapeau de ce pauvre Bonestat. Parbleu! c'était clair comme le jour. Il les avait surpris plusieurs fois échangeant des signes d'intelligence ou des paroles à voix basse, depuis que le projet de cette promenade à Paris avait été conçu. Le major rôdait dans les environs, sous les ombrages du Carré Marigny et venait de lui souffler sa femme !

Eperdu de jalousie et de colère, il avait regagné le train et venait réfléchir à domicile sur cette périlleuse situation.

IV

J'aime autant vous dire, tout de suite, qu'il avait deviné juste. D'ailleurs, les lumières d'en haut ne trompent jamais. Il n'était dans l'erreur que sur le lieu de son infortune. Le major n'avait pas quitté Brunoy comme il avait crié sur les toits l'intention de le faire. Il s'était blotti chez lui et y attendait madame Bonestat, qui lui avait promis de semer son mari en chemin. Celle-ci avait pris le train juste avant son mari. Et tandis que Bonestat se promenait furieusement sous ses quinconces, c'était à deux pas qu'il était cyniquement trompé.

Le major aimait les ragoûts en amour. Il était de ceux que je blâme et qui trouvent toujours plaisant de faire les choses sous le nez de l'époux. Ce raffinement m'a toujours paru celui d'une nature peu loyale et légèrement fatiguée. Oui, mes amis, au moment même où le doux grainetier précipitait ses pas fiévreux sur le sable de ses allées, les deux amants, après un bout d'entretien où ils n'avaient pas échangé deux paroles, étaient venus prendre le frais au balcon de la chambre du major, se fiant à l'obscurité pour y continuer l'aveu de leur coupable tendresse. Et quel aveu! de ceux qui ne se font pas avec des mots, mais avec des actes plus éloquents encore. Eh! mon Dieu, le grand air d'une nuit à peine éclairée d'étoiles et toute parfumée de brises n'est pas un décor déplaisant pour ce genre de discours. Il y peut même inspirer d'heureuses expressions et d'ingénieuses saillies, non prévues dans l'*Institution de l'Orateur*, par Quintilien. Le major en était à un de ces bons mots-là.

Pour se distraire, M. Bonestat, inconsciemment presque, a allumé un cigare. Il a jeté, au hasard, son allumette dans un massif. Ça a fait : Phu! Et une grande clarté rouge s'en élève, illuminant tout le paysage alentour. Vous y êtes! le feu de Bengale que cet animal de Baptiste avait dû abandonner. Et, dans cette féerique apothéose de fausse aurore, M. Bonestat, dont les yeux s'étaient malencontreusement portés vers le balcon de la chambre de son voisin, a tout vu... tout ! son déshonneur écrit en caractère de sang.

Fou de colère, il s'est vivement retourné pour fuir un pareil spectacle et, courant à l'aventure, il va se heurter à la pièce montée du feu d'artifice, son cigare allumé en avant. Ah ! ça ne traine pas ! Pout ! pout ! pout ! pout ! un ruban de fusées s'allume, les pétards s'enflamment par lignes comme dans un feu de peloton, et l'inscription mystérieuse, composée par le facétieux cocher, apparait avec une netteté formidable, et M. Bonestat lit, devant lui, ces mots, écrits en lettres crépitantes :

QUEL COCU QUE CE MONSIEUR BONESTAT !!!

FIN

TABLE

Évaporé.	1
Les trois baisers.	11
Le galant attentionné	23
Le ventriloque.	35
La touzéo.	45
Couveuse artificielle	55
Le déluge de Maillane.	65
Nécessité fait l'oie.	77
Le signal	89
Conjectures	99
Gasconnade.	111
Les représailles	121
Paysage.	131
Le volcan vivant	143
Le vin de l'armoire	153
Nos ancêtres	163
Barbassol.	175
Le phonographe Doudou.	187
Miousic.	197
Le châtiment.	209
Le verrier.	219
Justice.	229
Conte marseillais	239
Le nouvel Hymette	249
Feu d'artifice	261

ÉMILE COLIN — IMPRIMERIE DE LAGNY

26 dec.t 93

www.ingramcontent.com/pod-product-compliance
Lightning Source LLC
Chambersburg PA
CBHW050655170426
43200CB00008B/1295